스토리의 과학으로 사업계획을 설계하라

THE SCIENCE OF STORY TELLING

| 청중의 판단을 움직이는 IR 스토리 전략 |

스토리의 과학으로

사업계획을 설계하라

탁은하 지음

"설득은 말의 양이 아니라 구조의 힘에서 나온다."

좋은땅

"그래서 뭘 하겠다는 겁니까?"

발표가 끝난 뒤 이런 말을 들었다면, 설득은 이미 실패했을 가능성이 큽니다.

"내 아이디어가 제대로 이해되고 있을까?"
"왜 저 사람은 끝내 고개를 끄덕이지 않을까?"

비즈니스 발표 후 많은 창업가들이 고민에 빠집니다.

스타트업, 대기업을 막론하고 사업이란 결국 누군가를 설득하는 과정입니다. 아이디어 단계의 창업자는 사업계획서로, 성장 중인 팀은 투자자 앞의 피칭으로, 처음보는 상대의 마음을 움직여야 합니다.

저는 매년 수백 팀의 스타트업을 만나며, 사업계획서를 평가하고, IR Deck(투자유치를 위한 발표자료)을 고치고 스토리를 재구성해 왔습니다.

그 과정에서 똑같아 보이는 아이템이 완전히 다른 운명을 맞는 장면을 수도 없이 보았습니다.

성공하는 팀에는 공통점이 있었습니다.

첫째, 단순함. 좋은 팀은 누구나 3분 안에 이해할 수 있는 심플한 모델을 제시합니다.

둘째, 절묘함. 고객의 마음속 '간지러운 곳'을 정확히 짚어냅니다.

셋째, 생명력. 계획이 아니라 태도가 다릅니다. 신경과학에서 말하는 가소성(plasticity)처럼, 위기에도 꺾이지 않고 다시 적응하는 힘. 이런 팀이 결국 살아남습니다.

사업이란 정말 힘든 종합예술과도 같습니다. 생각과 다른 결과, 버텨야 하는 막막함, 시장의 외면을 감당하는 고통을 전 알고 있습니다. 지금 생각해 보니 과거의 제가 꼭 필요한 조언들을 외면하고 '사장놀이'에 빠졌을 때의 결과도 뻔했습니다.

그 과정 덕분에 지금은 창업가들이 실패를 줄이고 '깨달음을 잘 전달하는 팀'으로 성장하도록 돕는 멘토가 되었습니다.

이 책은 외롭게 고군분투하는 초기 창업가를 위한 안내서입니다.

IR 피칭을 준비할 때, 사업계획을 정리할 때, 혹은 "내 아이디어가 사업이 될 수 있을까?" 고민할 때 제가 제안드리는 고객관점 사고법, 스토리 설계법, 분석 Tool들이 도움이 되길 바랍니다.

비즈니스는 결국 가치의 교환입니다. 좋은 것을 주고, 그 대가를 받

 스토리의 과학으로 사업계획을 설계하라

는 것. 그 '좋음'의 기준은 오직 고객의 관점에 있습니다.

저는 이렇게 믿습니다. 비즈니스의 목표는 고객을 이전 상태로 돌아가지 못하게 만드는 것입니다.

새로운 경험을 주어, 한 번 경험한 고객이 불편했던 그 전으로 돌아갈 수 없게 만드는 것. 그때 비즈니스는 비로소 성공합니다.

이제 여러분이 그 시나리오를 그릴 차례입니다.

이 책이 당신의 여정에 작은 울림이 되길 바랍니다.

목차

1부

스토리 정말 중요한가?

1장
뇌과학으로 보는 스토리의 설득 메커니즘

뇌는 논리가 아니라 이야기로 반응한다

인간은 이야기를 짓고, 이야기 속에서 삶을 살아가는 존재입니다.

인간에게 이야기는 세상을 이해하는 렌즈이자, 서로의 삶을 연결하는 도구였습니다. 인간은 이야기를 통해 지식과 경험을 전달하고 사실을 기억하며, 감정을 공유해 왔습니다. 인간이 창조한 이야기들은 신화와 전설, 역사와 문학을 넘어 우리의 일상, 미래까지 연결하고 있다고 볼 수 있습니다. 요즘시대엔 비즈니스 내 외부 가릴 것 없이 이야기 즉, 스토리라는 것이 다양한 형태로 존재합니다. 제품판매에는 기본이고 기업의 전사적 전략에서도 스토리의 중요성이 언급된 것은 오래전 부터입니다.

왜 '스토리'가 이토록 주목받는 걸까요?

스토리는 고객들의 마음을 사로잡고, 행동으로 이어지게 하는 가장 강력한 유인책이기 때문입니다. 스토리는 고객들의 감정주파수에 맞춰

 스토리의 과학으로 사업계획을 설계하라

공명하고, 그 진동은 결국 고객행동으로 이어집니다.

이런 도구를 사용하는 것과 사용하지 못하는 것은 굉장한 차이를 만들어 냅니다. 이유는 단순합니다. 이야기는 인류가 수만 년 동안 생존을 위해 사용해온 방법이기 때문입니다.

불을 피워놓고 모여 앉아 "어제 저 숲에서 호랑이를 봤다"라는 말을 듣는 순간, 부족원 전체의 뇌와 몸은 재빠르게 반응했을 겁니다. 짧은 한 문장이 생존을 결정지은 것입니다.

더 나아가 인간은 단순히 이야기를 '듣는 존재'가 아니라, 이야기를 짓고, 그 안에서 살아가는 존재입니다. 우리는 어떤 사건을 겪을 때 곧바로 "이건 왜 일어난 걸까?" "앞으로 어떻게 될까?"라는 식으로 맥락을 붙입니다. 사실을 나열하는 것이 아니라, 사건을 연결해 스토리로 해석하는 것입니다.

뇌과학적으로도 마찬가지입니다. 뇌는 세상을 스토리로 이해하고, 경험을 스토리로 기억하며, 배운 것을 다른 사람에게 스토리로 전달합니다. 이 이해-기억-전달 루프가 작동할 때 설득은 비로소 시작되는 것입니다. 숫자와 데이터로 가득한 자료는 쉽게 기억에서 지워지지만, 이야기로 조직된 정보는 오랫동안 남고 다시 전해집니다.

이 때문에 사업계획도 '자료의 묶음'으로 존재할 때는 파워가 약합니다.

이뿐만이 아닙니다. 스토리를 전략으로 쓰는 순간, 제품은 단순한 기능을 넘어 상징이 되기도 합니다.

이 원리를 가장 극적으로 활용한 인물이 스티브 잡스입니다. 그는 애플을 단순한 기술 기업이 아니라, 스토리로 소비자의 삶에 의미를 부여하는 브랜드로 만들었습니다. 픽사(Pixar)에서 경험한 스토리텔링의 힘을 애플에 접목해, 스펙 나열이 아닌 감성적 이야기로 소통하기 시작한 것입니다. 그는 이야기의 힘, 특히 스토리텔링이 사람들에게 어떻게 깊은 공감과 행동을 유발할 수 있는지 직접 목격할 수 있었습니다.

"Think Different"라는 메시지는 단순히 제품을 설명한 것이 아니라, 고객이 자기 삶 속에서 경험할 장면을 이야기로 제시한 사례였습니다. 애플 제품이 단순한 기기가 아니라, 고객을 트렌디한 주인공으로 만들어주는 매개체가 되도록 이끌었습니다.

잡스의 스토리텔링 전략은 심리학적 "닻 내림 효과(Anchoring Effect)"를 활용한 사례로도 유명합니다. 그는 고객들에게 애플이 항상 "세상에서 가장 혁신적인 제품을 내놓을 것"이라는 이미지를 심어주었습니다. 이런 전략이 애플이 새 제품을 발표할 때마다 사람들을 열광시키는 핵심이었다고 볼 수 있습니다.

"애플은 분명 또 한 번 세상을 바꿀 거야!"라는 믿음이 자연스레 자리 잡게 된 것입니다.

나이키 역시 운동화를 파는 대신, 한계를 뛰어넘는 도전의 서사를 팔았습니다. "Just Do It" 캠페인은 인간 본능의 뇌를 자극하는 세 단어로, 고객 스스로를 주인공으로 만드는 힘을 발휘했습니다. 전설적 운동선수들의 이야기를 덧입힌 브랜드 스토리는, 나이키가 단순한 제조업체가 아니라 '삶의 태도를 판매하는 기업'으로 성장하게 한 원동력이었습니다.

　　　　　스토리의 과학으로 사업계획을 설계하라

이러한 사례는 하나의 사실을 우리에게 보여줍니다.

스토리는 단순한 장식이 아니라, 뇌와 함께 사람을 움직이는 가장 본질적인 수단이라는 것입니다. 투자자 역시 표면적으로는 숫자와 논리에 집중하는 듯하지만, 실제로는 스토리에 더 자주, 더 빨리 반응합니다. 저에게 오는 클라이언트들이 투자자로부터 스토리를 정리해오라는 요구를 받는 경우도 이 때문일 것입니다.

따라서 사업계획서 전부를 보여주고 싶은 정보들로만 채우는 것으론 부족합니다. 스토리라는 구조 안에서 투자자와 고객의 머릿속을 디자인해야 합니다. 그들이 듣고 싶은 이야기를 완성하고, 그 안에서 설득력을 발휘하게 되면 사업계획은 보고서를 넘어 하나의 강력한 무기가 됩니다.

기억, 주의, 감정: 사업계획을 듣는 뇌의 3가지 회로

투자자가 사업계획을 듣는 순간, 뇌에서는 세 가지 주요 반응 회로가 동시에 움직입니다. 바로 기억, 주의, 감정입니다.

■ 기억

해마(hippocampus)는 새로운 정보를 기존 경험과 연결할 때 오래 보관합니다. "시장 규모 3조 원"이라는 숫자만 던지면 곧 잊히지만, "서울 인구 절반이 매일 쓰는 서비스"라는 이야기는 쉽게 잊히지 않습니다. 숫자보다 맥락이 기억을 붙잡기 때문입니다. 실제로 칩 히스(Chip Heath)와 댄 히스(Dan Heath)가 쓴 『Made to Stick』(2007)에서는 스탠퍼드대 강의 실험을 소개하며, 스토리가 데이터보다 훨씬 더 오래 기억된다는 결과를 보여주기도 했습니다.

■ 주의

전두엽은 단조로운 정보에 금방 지치는 기관입니다. 슬라이드에 그래프만 빼곡히 들어가면 몇 초 만에 집중력이 떨어질 수 있습니다. 반대로 이야기는 예상치 못한 전환, 갈등과 해결의 구조를 통해 주의를 끝까지 잡아당깁니다. 그래프를 읽어주는 것보다 그 의미와 비하인드 스토리를 엮는 것이 효과적이라 할 수 있습니다.

■ 감정

변연계, 특히 아미그달라(amygdala 편도체)는 위험과 기회를 빠르게

  스토리의 과학으로 사업계획을 설계하라

감지합니다. 이야기는 이 회로를 자극하는 주인공입니다. 그래서 청중은 "이건 내 일이다"라는 몰입 상태로 들어가게 합니다.

즉, 좋은 스토리는 기억을 오래 붙잡고, 주의를 모으며, 감정까지 흔들게 됩니다. 이 세 가지가 함께 작동할 때 뇌는 설득당한다고 볼 수 있습니다.

데스밸리(Death Valley)를 만드는 뇌의 한계

스타트업 씬(Scene)에는 "데스밸리(Death Valley)"라는 말이 있습니다. 정부 지원금이나 초기 자금을 소진한 뒤, 안정적 매출이 발생하기 전까지 찾아오는 생존의 골짜기를 뜻합니다. 많은 창업팀이 이 구간을 버티지 못하고 무너집니다.

사실 데스밸리는 비즈니스 생태계에만 존재하는 것이 아닙니다. 인간의 뇌도 설득의 데스밸리를 만들어냅니다.

이유는 단순합니다. 뇌는 어렵게 짜인 많은 정보를 처리하는 데 서툴기 때문입니다.

심리학에서는 이를 인지 부하(cognitive load)라고 부릅니다. 인간의 뇌는 에너지를 많이 쓰지 않으려는 특징이 있어 복잡한 정보를 꺼려합니다. 특히 투자 설명회나 IR 피칭에서 짧은 시간 안에 이해되지 않는 이야기와 복잡한 자료만 보여주면, 청중은 불필요한 계산과 비교에 지쳐버립니다. 그 순간부터 발표자의 논리는 공중에 흩어지고, 청중은 감정적 거리두기를 시작합니다.

바로 이 지점에서 스토리구조가 구명줄 역할을 합니다. 이야기는 복잡한 정보를 단순한 맥락으로 묶어 줍니다. "시장이 5조 7000억원 규모이고 점유율 4%만 확보하면…"라는 계산식은 머리에 남지 않습니다. 하지만 "이 시장에는 매일 1천만 명이 겪는 불편이 있습니다. 우리는 그 문제를 해결하는 첫 번째 팀입니다"라는 이야기는 직관적으로 이해됩니다. 뇌가 한 번에 잡을 수 있는 의미 단위(meaning unit)로 정보가 압축되기 때문입니다.

  스토리의 과학으로 사업계획을 설계하라

투자자가 피칭을 듣다 지루함을 느끼는 순간은, 사실 데스밸리 구간에 들어선 것과 같습니다. 반대로 스토리를 통해 청중의 감정·주의·기억을 동시에 자극하면, 발표는 매끄럽게 이어집니다.

창업자가 반드시 기억해야 할 점은, 데스밸리는 피칭의 자연스러운 과정이라는 것입니다. 누구나 반복되는 사업이야기를 듣다 보면 피곤해지고 집중력이 떨어집니다. 문제는 그 구간을 어떻게 세련되게 건너느냐입니다.

변연계가 지휘하는 뇌

과거에는 설득이 전전두엽(Prefrontal cortex: 뇌의 앞쪽, 이마 바로 뒤에 위치한 고등 인지 기능 담당 영역)에서 일어난다고 믿었습니다. 전전두엽은 논리적 사고와 계획을 담당하는 뇌의 'CEO'로, 수치 계산·전략적 판단·합리적 선택이 모두 이 영역에서 처리됩니다. 그래서 많은 창업자는 피칭 자료를 준비할 때 숫자와 경쟁우위만 가득 채우는 것이 설득의 핵심이라 생각하곤 했습니다.

그러나 뇌과학은 설득의 무게중심이 전전두엽만이 아닌 변연계(limbic system)에도 있음을 보여 줍니다. 변연계는 감정·기억·동기를 조절하며, "중요하다" "끌린다" "믿고 싶다"와 같은 본능적 반응을 이끌어냅니다.

다마지오(Damasio, 1994)의 신경과학 연구는 사람이 의사결정을 내릴 때 감정중추인 변연계가 함께 활성화되고 전전두엽이 합리적 근거를 찾아 그 결정을 '정당화'하는 상호작용 프로세스를 가졌다고 합니다. 즉, 감정이 판단의 방향을 정하고, 이성이 판단을 정교하게 다듬는다는 것입니다.

쉽게 표현하자면, 전전두엽은 스토리의 감정을 냉철하게 한번 다듬고, 우리의 뇌가 "이 이야기를 통해 도대체 뭘 해야 할까?"를 결정하도록 돕는다고 볼 수 있습니다.

이후의 신경과학 연구들에서도 전전두엽이 감정적으로 연결된 정보를 해석하고, 이를 행동으로 연결하는 데 중요한 역할을 한다고 설명되

    스토리의 과학으로 사업계획을 설계하라

고 있습니다. 이러한 연구들은 전전두엽이 논리적 메시지와 감정적 요소를 통합적으로 처리하며 이 과정에서 감정적으로 풍부한 스토리가 더 효과적으로 메시지를 전달하는 역할을 한다는 사실을 보여 주고 있습니다.

■ 전전두엽의 한계

스토리가 던지는 메시지는 전전두엽을 거치며 검토 과정을 겪습니다. 전전두엽은 이를 이해하고 논리적으로 검토하려 합니다. 그러나 수량화된 정보의 나열과 이성적 근거설명들이 늘어날수록 전전두엽은 쉽게 피로해지고, 청중의 주의력은 급격히 떨어집니다. 뇌는 에너지를 아끼려 곧바로 방어 모드로 들어가 버리고 이것이 바로 설득이 멈추는 인지적 데스밸리입니다.

■ 변연계의 지휘봉

반대로, 이야기가 던져지면 변연계는 즉각 깨어납니다. 특히 변연계에 속해 있는 아미그달라(amygdala 편도체)는 감정의 스위치처럼 작동하며 위험·두려움·기대 같은 정서를 빠르게 활성화합니다. 이어서 해마(hippocampus)는 강렬한 감정을 장기 기억의 형태로 저장합니다. 그래서 청중은 수치보다 에피소드를 오래 기억하게 되는 것입니다.

■ 설득의 본질: 감정과 인지의 결합

전문가들의 인터뷰들은 설득이 전전두엽의 회의실에서 일어나는 것만은 아니라는 주장에 힘을 더해줍니다. "사람을 본다" 또는 "이 창업자가 왜 이 문제를 풀려고 하는지 알겠다"라는 감정적 납득에 따라 의미 있는 결정을 한다는 VC들의 영상은 쉽게 찾을 수 있습니다. 이처럼 청중이 실제로 움직이는 순간은 계산의 결과가 아니라, 공감과 기억이 맞닿는 지점에서 나옵니다.

따라서 창업자는 단순히 데이터를 나열하는 분석가가 아니라, 감정을 일으키는 이야기꾼이 되어야 합니다.

■ 숫자는 왜 여전히 중요한가

여기서 한 가지 오해는 피해야 합니다. "투자자는 숫자를 보지 않는다"는 뜻은 아닙니다. 투자자들은 매출 곡선, 시장 성장률, 단위 경제성(Unit Economics) 같은 지표를 철저히 검토합니다.

다만 중요한 점은, 숫자만으로는 뇌를 자극하기 어렵다는 것입니다. 숫자가 설득력을 가지려면 반드시 스토리라는 맥락 속에 담겨야 합니다.

예를 들어 "MAU 10만을 달성했다"는 숫자는 흥미롭습니다. 그러나 "출시 첫 주에는 하루 가입자가 2명이었는데, 고객이 흘린 '시시해'라는 말을 해결한 후 6개월 만에 10만 명에 도달했다"라는 이야기가 붙으면 전혀 다른 울림을 줍니다. 숫자와 이야기가 결합할 때 뇌는 "성장의 증거"를 설득력 있게 받아들입니다.

심리학자 알란 파이비오(Paivio, 1971)의 '이중 부호화 이론(Dual-coding theory)'도 같은 맥락을 보여줍니다. 숫자 같은 언어적 정보는 단독으로는 약하지만, 서사적 맥락과 함께 제시되면 훨씬 강하게 기억에 남습니다. 그래서 숫자는 스토리라는 그릇에 담길 때 비로소 설득의 무기가 됩니다.

　　　　　　　　　스토리의 과학으로 사업계획을 설계하라

2장
스토리가
뇌를 장악하는 원리

여러분은 스토리를 무엇이라 생각하시나요? 관점따라 다를 수 있습니다만, 저는 이 책을 통해 "스토리는 감정, 경험, 지식을 통합하여 의미를 담은 내러티브로 사람의 행동과 변화를 유도하는 심리적·사회적 소통 체계"라고 정의하려 합니다.

이번 장에서는 스토리가 비즈니스 이야기를 듣는 청중의 뇌와 상태에 어떻게 작용하며 영향을 주는지 살펴보겠습니다.

거울뉴런(Mirror Neuron): 고객의 감정을 복제하는 공감과 모방의 과학

1990년대 초, 이탈리아 파르마 대학의 신경과학자 자코모 리촐라티(Giacomo Rizzolatti) 연구팀은 원숭이 실험에서 놀라운 현상을 발견했습니다. 연구자가 땅콩을 집어 들자, 아무 행동도 하지 않은 원숭이의 운동피질(premotor cortex)이 마치 자신이 직접 땅콩을 잡는 것처럼 활성화된 것입니다. 그 원숭이는 단지 '보았을 뿐'이었습니다.

리촐라티는 이 세포를 '거울뉴런(mirror neuron)'이라 명명했습니다. 남의 행동을 '거울처럼' 반영해 스스로 모방하고 이해하는 신경세포라는 뜻입니다. 이후 인간의 뇌에서도 같은 작용이 있다는 것이 보고되며, 거울뉴런은 공감을 설명하는 이론적 틀로 자리 잡았습니다.

거울뉴런은 우리가 타인의 행동을 보거나 이야기를 들을 때의 감정과 의도를 마치 내 일처럼 느끼게 만드는 장치입니다.

영국의 인지심리학자 키스 오틀리(Keith Oatley, 2008)는 "이야기는 인간이 타인의 마음을 시뮬레이션하는 도구"라고 말했습니다. 즉, 누군가의 이야기를 듣는 순간 청중의 뇌는 그 사람의 상황을 연기하듯 재현하고 있는 것입니다. 이 과정에서 거울뉴런 시스템은 감정중추인 섬엽(insula)과 전대상피질(anterior cingulate cortex)이 함께 작동하며 청중이 그 장면을 자기 경험처럼 느끼게 합니다(Wicker et al., 2003).

이 시스템은 단순히 행동뿐 아니라 감정과 사고의 맥락에도 반응하는 특성이 있습니다. 결국 발표자가 제시하는 스토리, 데이터, 사례가 얼마나 구체적이고 감정의 흐름을 담고 있느냐가 공감의 강도를 결정합니다.

공감은 스토리의 맥락 속에서 더 강하게 일어납니다. 뇌가 상황과 의미를 먼저 처리하기 때문입니다.

뉴욕대 사회신경과학센터의 리사 아지즈-자데(Lisa Aziz-Zadeh, 2006) 연구에서도 타인의 행동을 언어로 설명하는 문장을 듣는 것만으로도 운동피질이 활성화되는 것이 확인되었습니다.

즉, 이야기는 시각 자료가 없어도 뇌 속에 장면을 재현하게 만듭니다.

예를 들어 발표자가

    스토리의 과학으로 사업계획을 설계하라

"고객이 세 번의 시도 끝에 주문을 포기했습니다."

라고 말하면, 청중의 뇌는 즉시 그 장면을 떠올립니다.

좌절·불편·아쉬움 같은 감정이 내면에서 재현되며, 청중은 데이터를 이해하는 것이 아니라 체험합니다. 이는 단순한 동정이 아니라 신경적 모방(neural simulation)입니다.

비즈니스 IR 발표에서도 거울뉴런은 핵심 역할을 합니다.

고객의 불편을 생생히 묘사하면, 투자자도 그 불편을 직접 겪는 듯한 감정에 빠집니다. 창업팀이 겪은 시행착오를 들려주면, 청중은 그 도전의 긴장감과 희망을 함께 느낍니다.

하버드 비즈니스 스쿨의 프레젠테이션 연구에서도, 숫자 중심의 발표보다 사람이 등장하는 짧은 사례 영상이 투자자들의 몰입도와 기억률을 크게 높인다는 결과가 보고되었습니다. 이는 거울뉴런이 감정적 공명, 즉 공감을 일으켜 메시지를 더 깊고 오래 남기기 때문입니다.

'공감'은 단순히 누군가의 감정을 느끼는 동조가 아니라, 타인의 경험 속으로 뇌가 직접 참여하는 작동입니다. 그리고 인간 관계의 본질적 메커니즘이자, 사회적 신뢰와 행동을 만들어 내는 동력입니다.

청중의 뇌는 이야기를 듣는 것만으로도 감정을 생성하고, 때로는 행동 충동까지 느낍니다. IR 스토리에서 고객의 고통, 팀의 노력, 작은 성공을 구체적 장면과 감정의 흐름으로 담아야 하는 이유가 이것입니다.

청중의 뇌가 단순히 이해하는 관객이 아니라 공감하는 참여자로 전환되기 때문입니다.

아미그달라(Amygdala): 고객이 두려움 대신 안심을 원한다

아미그달라(amygdala)는 뇌 속의 편도체, 아몬드 모양의 작은 구조입니다. 크기는 작지만, 위험을 감지하고 불안을 가장 먼저 불러일으키는 센서 역할을 합니다. 덤불 속 낯선 소리에 순간적으로 움찔하거나, 처음 무대에 설 때 심장이 빨라지는 것은 모두 아미그달라의 반응입니다. 인간은 진화적으로 불확실성을 잠재적 위험으로 분류해 먼저 대비하도록 설계된 존재입니다.

IR 발표 현장에서도 이 메커니즘은 동일하게 작동합니다. 투자자와 평가자는 발표를 들을 때 본능적으로 네 가지를 점검합니다.

▶ 시장: 이 시장은 충분히 크고 성장성이 있는가?

▶ 팀: 이 팀이 끝까지 문제를 풀어낼 수 있는 실행력을 갖췄는가?

▶ 수익 구조: 언제쯤 돈이 실제로 흐를 수 있는가?

▶ 타이밍: 왜 지금이어야 하는가?

이 질문들은 합리적인 검증처럼 보이지만, 편도체의 작동 원리로 보면 불확실성에 대한 방어 반응입니다. 명확히 해소되지 않은 답변은 뇌 속에 잠재적 위험 신호로 남고, 그 순간부터 청중은 방어 모드로 들어갑니다.

이후 제시되는 데이터나 비전들은 신뢰를 얻기 어려워집니다.

　　스토리의 과학으로 사업계획을 설계하라

■ 안심을 주는 스토리 설계

투자자의 질문에 '위험'이 아닌 '기회'로 남도록 만드는 것이 비즈니스 스토리설계의 역할입니다. 우리는 공감을 통해 일어난 감정을 억누르는 대신, 그 감정이 불안으로 번지지 않도록 신뢰의 방향으로 정렬해 주어야 합니다.

심리학 연구에서도 공포만 자극하는 메시지는 회피를 유발하지만, 위험을 인정하면서도 안심할 수 있는 해법을 제시할 때 사람의 행동 의지는 오히려 커진다는 결과가 반복적으로 보고됩니다.

스토리 설계를 통해 뇌의 경보 장치인 아미그달라가 과도하게 반응하지 않으면, 판단과 전략을 담당하는 전전두엽(prefrontal cortex)이 다시 작동하기 시작합니다. 즉, 청중이 불안을 느끼지 않을 때 비로소 논리와 전략이 제대로 전달됩니다.

우리의 목적은 감정을 없애는 것이 아니라, 감정을 신뢰로 전환시키는 설계의 기술을 구현하는 데 있습니다.

▶ 문제를 말할 땐 반드시 해결 가능성을 곁들일 것
예: "시장은 이런 불편을 겪고 있습니다. 저희가 풀 문제가 여기에 있는 것입니다."

▶ 팀을 소개할 땐 완벽함보다 학습 곡선을 강조할 것
예: "우리는 시행착오를 겪었지만, 그 과정을 통해 고객 데이터를 축적했고 지금은 훨씬 정교한 솔루션을 제공합니다."

▶ 수익 모델은 숫자가 아니라 흐름으로 보여줄 것

예: "사용자가 유입되면 이렇게 돈이 흐릅니다. 현재는 작은 단위지만, 같은 경로로 확장할 수 있습니다."

▶ 타이밍을 강조할 것

예: "지금이 아니면 이 기회는 사라집니다. 고객 행동과 기술, 시장 환경이 동시에 변하고 있는 지금이 최적의 시점입니다."

스토리의 과학으로 사업계획을 설계하라

도파민(Dopamine):
기대감으로 스토리를 끝까지 끌고 가기

아미그달라가 브레이크라면, 도파민은 가속 페달입니다. 하나는 위험을 알리며 속도를 줄이게 하고, 다른 하나는 보상을 향해 더 가보자고 속삭입니다. 뇌는 이렇게 두 가지 신호를 오가며 균형을 잡습니다.

IR 발표에서 스토리텔링은 두 가지를 동시에 관리해야 합니다. 불안을 키우는 모호함은 줄이고, 기대를 키우는 긴장은 설계해야 합니다.

■ 도파민은 보상을 '예상할 때' 분비된다

도파민은 흔히 쾌락의 분자로 불리지만, 더 정확히는 보상 예측의 분자입니다. 신경과학자 울프람 슐츠(Wolfram Schultz, 1997)의 실험은 이 점을 명확히 보여주었습니다. 실험 속 원숭이는 실제로 보상을 받을 때보다 보상을 예고하는 신호가 주어졌을 때 도파민이 더 활발히 분비되었습니다.

인간의 뇌도 동일하게 작동합니다. "곧 좋은 일이 일어날 것 같다"는 신호가 있을 때 집중력이 올라가고, 끝까지 지켜보게 만드는 힘이 생깁니다.

■ IR 발표에서의 도파민 사이클

청중은 "다음이 궁금하다"라는 긴장이 유지되면 끝까지 몰입합니다. 이때 필요한 것이 도파민 사이클입니다.

▶ 문제 제시: 고객의 고통을 보여주면, 청중은 "이 문제를 어떻게 풀까?"라는 기대를 갖습니다.

▶ 도전과 전환점: 청중은 "여기서 어떻게 해결할까?"라는 긴장을 느낍니다.

▶ 해결과 비전: 솔루션과 성과를 제시할 때, 그동안 쌓인 기대가 해소되며 보상감으로 전환됩니다.

좋은 스토리는 이처럼 기대 → 긴장 → 해소의 순환을 만들어 도파민 분비를 일정하게 유지시킬 수 있습니다. 기대와 해소 구조로 몰입을 높이는 심리적 리듬을 만드는 것입니다.

우리가 흥미로운 이야기에 빠질 때 뇌는 단순히 즐거움을 느끼는 것이 아니라, "놓치면 안 된다"는 주의 상태로 전환됩니다. 이는 도파민이 보상 가능성(reward prediction)을 높이는 동시에 주의집중(attention focus) 회로를 자극하기 때문입니다. 슐츠(Schultz, 1997)와 베리지 & 로빈슨(Berridge & Robinson, 2003)연구에 따르면, 도파민은 새로운 자극이나 불확실한 보상 가능성에 대한 '기대 모델(expectation model)'을 형성해 집중력과 학습 효율을 높이는 역할을 합니다. 즉, 흥미로운 스토리는 도파민을 통해 청중의 뇌를 '기대 상태'로 유지시키는 몰입 장치인 셈입니다.

 스토리의 과학으로 사업계획을 설계하라

■ 기대를 유지하는 스토리 설계

▶ 정보를 한 번에 모두 주지 말 것

초반에 모든 답을 던져 버리면 청중의 도파민은 더 이상 분비되지 않습니다. 문제와 단서는 제시하되, 해결은 단계적으로 드러나야 합니다.

▶ 중간 보상을 배치할 것

긴 발표에는 작은 성과나 고객 반응 사례를 중간에 넣어야 합니다. 이는 청중의 집중을 회복시키고 "다음에도 무언가 있겠다"는 기대를 강화합니다.

▶ 미래의 보상을 구체적으로 그려줄 것

성장 전략과 비전은 단순한 숫자가 아니라, 청중이 눈앞에 장면을 떠올릴 만큼 선명해야 합니다.

발표는 청중의 시간과 관심을 붙잡는 싸움입니다. 그 시간을 붙잡는 힘은 논리만으로는 충분하지 않습니다. 투자자는 "이 팀과 함께라면 다음 장면이 기다려진다"는 확신을 가질 때 투자 검토에 진지하게 들어갑니다.

고객 경험도 다르지 않습니다. 한 번의 만족이 아니라 "다음에도 이런 경험을 하게 될 것이다"라는 기대가 있을 때 제품을 애정하고 브랜드에 충성하게 됩니다. IR 스토리에서 도파민 회로를 설계하는 일은 투자자의 몰입을 끌어내는 전략일 뿐 아니라, 훗날 고객 경험을 설계하는 방식과도 맞닿아 있습니다.

예측 부호화: 불확실성을 견디게 하는 서사 안전망

도파민이 기대를 키워 몰입을 이끌어낸다면, 예측 부호화(predictive coding)는 혼란을 질서로 바꾸어 신뢰를 만들어내는 회로입니다. 사업과 설득은 언제나 불확실성과 함께합니다.

청중의 뇌는 모호한 정보를 위험 신호로 인식하고, 곧바로 방어 태세를 취합니다. 이때 스토리는 복잡한 현실을 예측 가능한 흐름으로 바꾸어 청중이 불안 대신 '이해할 수 있다'는 감각을 느끼게 만듭니다.

그것이 바로 '인지적 안전망'입니다.

앞서 다루었던 아미그달라가 감정적 안정의 회로라면, 예측 부호화는 인지적 안정의 장치입니다. 하나는 감정의 폭주를 진정시키고, 다른 하나는 복잡한 정보를 이해 가능한 질서로 정렬해 줍니다.

신경과학에서는 이러한 과정을 '예측 부호화(predictive coding)'라고 부릅니다.

인간의 뇌는 완전히 새로운 자극보다는 앞으로 일어날 일의 패턴과 방향성을 예측할 수 있을 때 안정감을 느낍니다.

즉, 좋은 스토리는 불확실성을 없애지는 않지만, "다음 장면이 어떻게 흘러갈지"를 짐작할 수 있게 만들어 청중이 복잡한 상황에서도 버틸 수 있는 심리적 여유 공간을 제공합니다.

■ IR 발표에서 예측 부호화를 활용하는 방법

▶ 예상 가능한 흐름을 보여줄 것.

 스토리의 과학으로 사업계획을 설계하라

모든 이야기는 "문제-시도-전환-결과"라는 기본 구조 안에서 작동합니다.

불확실한 시장이라도 이 구조를 따라 전개하면, 청중의 뇌는 '앞으로 무슨 일이 일어날지'의 틀을 예측하며 안심합니다.

▶ 낯선 데이터보다 익숙한 맥락을 활용할 것.

숫자나 용어가 생소하면 뇌는 즉각 경계 반응을 일으킵니다. 새로운 정보를 제시하더라도 반드시 비교 기준, 전후 맥락, 인간적 사례를 함께 제시해야 합니다.

그럴 때 청중의 뇌는 "이건 내가 이해 가능한 세계 안에 있다"고 인식합니다.

▶ 불완전함을 인정하되, 방향성을 명확히 할 것.

완벽한 답보다 "우리는 이 방향으로 실험하고 있다"는 진정성 있는 메시지가 청중을 안정시킵니다.

뇌는 완벽함보다 예측 가능한 일관성에서 신뢰를 느낍니다.

이런 방법은 청중에게 "이 팀은 불확실성을 통제 가능한 질서로 전환하고 있다"는 인상을 줍니다.

실패를 숨기지 않고, 변화의 원리를 설명하는 태도, 그것이 곧 신뢰를 설계하는 법입니다.

예를 들어 이렇게 말할 수 있습니다.

"우리는 세 번의 고객 인터뷰를 거치며 초기 가정을 수정했습니다. 고객이 원하는 건 더 많은 기능이 아니라, 더 빠른 결제였습니다. 그래서 기능을 줄이는 대신 속도를 높였고, 완주율은 두 배로 뛰었습니다."

이 한 문장 안에는 불확실성을 통제하는 스토리의 구조가 담겨 있습니다.

좋은 스토리는 완벽한 예측이 아니라, 예측 가능한 방향성을 보여줍니다. 청중이 불안을 느끼지 않도록 인지적 안전망을 제공하면, 그 이야기는 단순한 설명이 아니라 신뢰를 만드는 구조물이 됩니다.

불확실성을 없애려 하지 말고, 견디게 만드는 서사를 설계하는 것, 기회를 잡는 스토리 설계방법이 됩니다.

   스토리의 과학으로 사업계획을 설계하라

연상과 부호화: 각인과 기억의 완성 단계

■ 연상과 연결

우리의 뇌는 복잡한 정보를 단순하게 이해하려는 본능을 가지고 있습니다.

그래서 시각적·감정적·직관적 정보가 빠르게 이해되고 오래 남습니다.

애플이 "1,000 songs in your pocket." 한 문장으로 세상을 설득할 수 있었던 이유도 같습니다. 기술 사양보다 '주머니 속 천 곡의 음악'이라는 구체적 이미지는 뇌가 가장 적은 에너지로 처리할 수 있는 형태였던 것입니다.

또한 이야기에는 '그래서', '그런데', '그리고 나서' 같은 연결어가 자연스럽게 따라옵니다. 이런 연속성의 구조가 정보를 이해하기 쉽게 만들고, 뇌는 이를 '논리적 안정감'으로 인식합니다. 반대로 플롯(이야기의 흐름)이 어긋나거나, 인과가 끊기면(플롯 트위스트) 뇌는 내용을 복구하느라 에너지를 소모하고, 설득력은 급격히 떨어집니다.

인간은 정보를 들을 때 자동으로 '이유'를 찾습니다.

이를 인과 연결(causal linking)이라고 부릅니다.

"녹슨 음료캔 → 복통"

이 짧은 키워드에서도 뇌는 이미 원인을 추론하고 있습니다.

반대로 '플라즈마 / 윤리'처럼 연상이 어렵다면, 뇌는 피로를 느끼고 흥미를 잃습니다.

즉, 정보는 연결될 때 비로소 의미를 갖습니다.

우리의 비즈니스 발표도 마찬가지입니다. 이야기의 연결성이 뚜렷하지 않으면 정보들은 헷갈리기 시작합니다. 문제와 해결, 전략과 결과가 인과적으로 이어져야 청중의 뇌가 자연스럽게 따라옵니다.

■ 부호화

연상과 인과의 고리가 만들어졌다면, 이제 정보는 기억으로 옮겨갈 준비를 합니다.

이때 작동하는 과정이 바로 부호화(Encoding)입니다.

즉, 외부 자극이 뇌 속에서 의미를 부여받는 번역 과정입니다.

신경심리학에 따르면, 기억은 감각기억 → 단기기억 → 장기기억의 세 단계로 흐릅니다.

이때 부호화는 그 사이를 연결해 주는 다리 역할을 합니다.

미국 심리학자 조지 밀러(George Miller, 1956)는 인간이 한 번에 다룰 수 있는 정보의 단위가 7±2개에 불과하다고 밝혔습니다. 그래서 우리는 정보를 의미 있는 덩어리로 묶는 방식을 사용해 기억의 효율을 높입니다. 그리고 이를 청킹(chunking)이라고 불렀습니다.

의미망 이론, 스키마 이론, 연결주의 등 다양한 연구도 "기억은 구조화와 연결 위에 존재한다"는 결론을 내립니다.

즉, 발표나 IR 메시지가 오래 남으려면 내러티브 단순화(narrative simplification)를 통해 뇌의 부호화 과정을 돕는 구성이 필요합니다. 단

     스토리의 과학으로 사업계획을 설계하라

순히 정보를 나열하는 대신, 맥락·의미·감정이 한 줄로 이어진 '이야기 덩어리'로 만들어야 합니다.

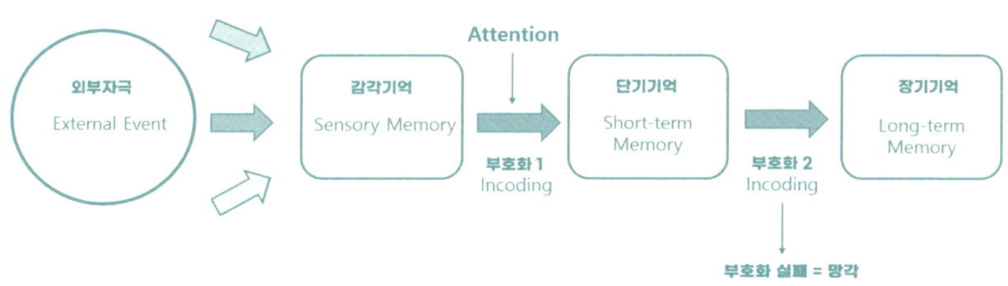

[그림 1] 기억단계와 부호화

위의 표는 인간의 뇌에서 일어나는 부호화(encoding)과정입니다. 그런데 이 부호화 과정에서 외부자극도 기억에 중요한 요인이 됩니다.

여러 자극 중 특히 정서적 자극은 결정적인 역할을 하는 것으로 나타나고 있습니다. 뇌 과학 연구에 따르면 인간의 뇌는 정보를 처리할 때 정서적 반응을 우선시하고, 그 이후 합리적 판단을 위한 에너지를 쓴다고 말하고 있습니다. 이는 진화적으로 생존을 위한 자연스러운 현상이라고 합니다.

과거 인류에게 감정적 자극에 빠르게 반응하는 것은 생존에 직결되었습니다. 예를 들어, 갑작스러운 위험 신호(맹수의 접근)나 두려움과 같은 정서적 자극에 즉각적으로 반응해야 생존할 수 있었기 때문에 뇌가 감정을 먼저 처리하도록 진화한 것입니다. 이러한 구조 덕분에 뇌는 감정적 자극을 받으면 재빠르게 각성되고, 그 정보를 우선적으로 부호화 하는 것입니다.

신경과학자 제임스 맥가(James McGaugh, 2000)가 말한 것처럼, 정서적 각성이 높을수록 해마(hippocampus)의 활동이 강화되어 장기 기억으로 전환된다는 원리와도 같습니다.

정서적 자극이 기억을 돕는 이유는 이러한 각성 수준 때문입니다.

- ▶ **정서적 각성**: 감정적으로 자극을 받아 뇌의 각성도가 높아진다.
- ▶ **호화 강화**: 정서적 자극을 통해 해마가 그 정보를 더 적극적으로 저장한다.
- ▶ **의미 형성**: 정보가 나와 관련되거나 중요한 맥락으로 연결된다.
- ▶ **반복 재확인**: 의미 있는 기억은 자주 떠오르고, 타인과 공유되며 반복적으로 정교화된다.

■ 부호화의 화학작용 옥시톡신

"사람을 보고 투자한다"는 말은 감정에 치우친 문장이 아닙니다. 숫자와 데이터 뒤에 숨겨진 '사람의 이야기' 창업가의 열정, 투지, 가치관, 진정성 등이 투자의 성패를 좌우하는 장면을 우리는 빈번히 목격합니다.

- ▶ 비즈니스를 시작하게 된 **동기와 마음가짐**,
- ▶ 고객과 시장을 마주하며 느낀 **생생한 감정**,
- ▶ 사업을 계획하며 쌓아 올린 **고민과 철학**.

이러한 진솔한 이야기가 청중의 머릿속에 생생하게 그려질 때, 그들은 단순한 정보 수용자가 아니라 감정적으로 연결된 공감자가 됩니다.

감정적 연결이 신뢰를 만드는 것은 흔한 일입니다. 뇌 과학에 따르

스토리의 과학으로 사업계획을 설계하라

면, 인간은 감성적 스토리를 접할 때 '옥시토신'이라는 호르몬이 분비됩니다. 옥시토신은 흔히 '신뢰의 화학물질'로 불리며, 사람 간의 유대감을 형성하고 협력을 유도하는 역할과 관련 있는 것으로 보고됩니다. 감동적인 이야기나 누군가의 진솔한 고백을 들었을 때 우리의 마음이 열리는 이유가 바로 이런 호르몬 때문이기도 합니다. 단순한 숫자와 논리로는 만들어낼 수 없는 이 화학적 변화는 발표자의 진정성이 전달될 때 일어날 수 있습니다.

발표자가 자신의 진짜 이야기를 꺼내 놓는 순간, 청중은 비즈니스 계획 뒤에 있는 사람의 모습을 보게 됩니다. "이 사람은 왜 이 사업을 시작했을까?", "이 과정에서 무엇을 느꼈을까?"라는 질문을 떠올리며 당신의 진정성을 발견합니다. 진정성을 느낀 투자자와 그렇지 않은 투자자 중 누가 '내 편'이 되기 쉬울까요?

스토리는 발표자와 청중 사이에 보이지 않는 다리를 놓습니다. 그 다리가 연결되는 순간 청중은 여러분의 편이 될 확률이 매우 높아집니다.

진정성 있는 스토리는 단순히 청중의 관심을 끄는 것을 넘어 신뢰와 유대감을 만드는 가장 강력한 방법임을 기억해야 합니다.

■ 범주화

마지막으로, 스토리의 각인력을 높이는 기술이 범주화(categorization)입니다.

이는 전체 내러티브 속에서 작은 이야기들을 묶어 일관성을 부여하는 과정입니다.

초기 창업자들이 흔히 저지르는 실수는 "어디서부터가 Why이고, 어디서부터가 제품 설명인지 구분되지 않는다"는 점입니다.

전략 파트에서 기능 설명으로, 고객 니즈를 말하다 기술 세부로… 이런 흐름은 40장의 슬라이드를 쏟아내도 아무것도 남기지 못합니다.

저 역시 IR 스토리 컨설팅 초기에 가장 먼저 하는 일이 바로 이 '범주화 정리'입니다.

이야기의 순서를 다시 세우는 것이 아니라, "이건 문제정의 파트, 저건 전략 파트"처럼 청중의 뇌가 구분할 수 있는 질서를 만들어 주는 작업입니다.

이런 질서가 갖춰질 때, 이야기는 비로소 '이해되는 말'을 넘어 '믿고 싶은 말'이 됩니다.

스토리의 과학으로 사업계획을 설계하라

아리스토텔레스와 수사학, 스토리의 3요소

스토리텔링의 3요소

로고스(Logos) 에토스(Ethos) 파토스(Pathos)

좋은 스토리의 요건은 아리스토텔레스의 수사학에서도 힌트를 찾을 수 있습니다.

■ 로고스(Logos): 논리적 설득

아리스토텔레스는 설득의 가장 중요한 요소로 논리와 이성을 꼽습니다. 로고스는 청중에게 제시하는 논증과 증거를 통해 설득하는 방식입니다.

> "모든 설득은 논증을 통해 이루어지며, 이는 반드시 믿을 만하고 진실이어야 한다."

비즈니스 스토리에서도 로고스는 데이터와 논리 구조를 통해 신뢰를 쌓는 역할을 합니다. 단순한 주장보다는 근거와 맥락을 갖춘 구조가 청중의 판단을 움직입니다.

■ 에토스(Ethos): 화자의 신뢰성과 도덕성

에토스는 화자의 성품과 신뢰성이 청중에게 설득력을 부여하는 방식입니다. 청중은 화자의 정직함, 전문성, 선의에 신뢰를 느낍니다.

"화자의 성품은 그의 말에 신뢰를 더하게 하며, 이는 설득의 가장
강력한 수단 중 하나이다."

그 신뢰는 태도에서 비롯됩니다.

"이 팀은 시장의 현실을 직시하고 있다", "이 사람은 자신이 말하는 일
에 진심이다" 이런 인상 자체가 에토스를 만드는 것입니다.

■ 파토스(Pathos): 청중의 감정 자극

파토스는 청중의 감정에 호소하여 설득력을 강화하는 방법입니다.
아리스토텔레스는 분노, 동정, 공포 등 특정 감정이 설득에 어떤 영향
을 주는지를 세밀하게 분석했습니다. 그는 감정을 독립된 영역이 아니
라 설득을 돕는 정서적 매개체로 보았습니다.

"설득은 청중이 감정적으로 준비되었을 때 더욱 효과적이다."

그는 각 감정의 본질과 그것이 발생하는 조건을 분석하며, 이를 통해
감정적인 반응을 유도하는 방법을 제시합니다.

▶ **분노(Anger)**: 분노는 불의를 느낄 때 발생하며, 이를 유발하려면
상대방이 청중에게 부당하다고 느껴질 만한 상황을 설명.
▶ **동정(Pity)**: 동정은 고통받는 사람을 볼 때 발생하며, 청중이 동일
한 고통을 겪을 가능성을 느낄 때 더욱 강화.
▶ **공포(Fear)**: 공포는 자신에게 실질적인 위협이 닥칠 때 발생하며,

스토리의 과학으로 사업계획을 설계하라

이를 강조하기 위해 위협이 현실적이고 임박한 것처럼 묘사.

　좋은 비즈니스 스토리는 감정과 논리를 모두 충족시키면서도 신뢰를 만들어냅니다. 말뿐인 감동은 청중을 실망시킬 수 있고, 논리만 강조하면 마음을 얻지 못합니다.
　좋은 IR스토리 역시 청중에게 "이게 나의 이야기이자, 바로 당신의 이야기입니다."라고 속삭이는 것과 같지 않을까요?

3장
비즈니스 말하기에서 좋은 스토리의 요건

플롯 · 인물과 캐릭터 · 감정 · 디테일 · 변화

스토리는 일련의 사건이나 단어의 모음이 아닌 의미를 담아내는 그릇이고, 감정을 건드리는 통로입니다. 경험과 역사를 엮어내어 시공간을 초월하는 잘 짜인 태피스트리 같기도 합니다. 어쩌면 스토리는 인류가 진화하는 과정에서 살아남기 위해 개발해낸 가장 위대한 도구였을지도 모르겠습니다.

이야기는 시간을 건너 공감을 불러일으키고, 행동에 영감을 주며, 상상력의 불씨를 당겨 청중을 몰입하게 만듭니다. 이런 힘 때문에 스토리는 이제 비즈니스 세계에서도 '이성은 물론 감정까지 건드리는 설득의 무기'로 자리 잡았습니다. 하지만 비즈니스 스토리는 영화처럼 판타지를 더할 수도, 소설처럼 과장을 섞을 수도 없습니다. 현실 위에서 감정과 논리를 동시에 설계해야 하기 때문에 오히려 더 까다롭습니다.

특히 스타트업 IR(Investor Relations)에서는 감정과 논리를 동시에 잡아야 합니다. "사람은 감정에 이끌린다"는 말이 사실이라 해도, 투자

 스토리의 과학으로 사업계획을 설계하라

자의 관점에서 수익 모델과 실행 논리는 결코 비껴갈 수 없습니다. 공감만 밀어붙이면 준비 부족으로 비칠 위험이 매우 큽니다. 감정을 건드리되 논리의 빈틈은 막는 것, 그게 비즈니스 스토리의 기준입니다. 그럼 우선 좋은 스토리의 요건을 중심으로 작성되는 비즈니스 스토리는 어떤 조건을 갖춰야 할까요? 다섯 가지로 정리해 보겠습니다.

■ 기승전결의 플롯: 흐름이 아니라 의미의 경로

아무리 내용이 좋아도 흐름이 헝클어지면 청중은 길을 잃습니다. 시작(기)에서 청중을 끌어들이고, 전개(승)에서 기대를 높이며, 전환점/클라이맥스(전)에서 긴장을 해소하고, 마무리(결)에서 메시지를 남겨야 완성입니다. IR에서는 전략이 시장을 어떻게 바꾸는지 보여주는 순간이 클라이맥스가 됩니다. 그때 청중은 "이 팀이라면 가능하다"는 납득에 도달합니다.

사업계획 플롯의 기본은 Why → What → How → Why You입니다. '왜 이 문제인가'를 선명히 하고, '무엇으로' 풀지 제시하며, '어떻게' 실행할지 보여준 뒤, '왜 우리가 그 팀인가'로 종결합니다. 청중이 공감하고 납득하는 감정의 논리를 설계하는 것입니다.

■ 인물과 캐릭터

스토리의 중심에는 언제나 '사람'이 있습니다. 스토리 안에는 강력한 인물이 인상깊은 캐릭터를 장착하고 사람들의 시선을 이끌고 갑니다. 우리의 스토리에도 사람이 언급되어야 합니다. 고객의 고민과 문제, 어려움에 처한 사람들, 창업가의 열정, 팀의 도전과 성장 등 살아 숨 쉬는 캐릭터가 등장해야 합니다. 고객의 여정과 팀의 여정이 맞물릴 때 하나의 서사가 완성됩니다.

이야기는 언제나 '주인공'을 중심으로 펼쳐집니다. 스타트업 IR 발표도 마찬가지입니다. 물론 비즈니스 스토리에서 가장 중요한 주인공은 '우리 팀'이 아니라 '고객'입니다. 고객은 문제를 겪고 있고, 목표에 도달하기 위해 변화가 필요한 존재입니다. 우리의 제품과 서비스는 그 고객을 돕는 '조력자'로 등장합니다. 즉, 우리의 역할은 고객이 원하는 목표에 도달할 수 있도록 돕는 어시스턴트입니다. 이들은 IR 스토리에서 '고군분투하는 캐릭터'로 표현됩니다. 창업팀은 현실의 문제를 발견하고 해결하기 위해 도전하는 과정에서 각종 장애물을 마주하게 될 것입니다. 시장의 문턱, 해결을 기다리는 이슈들, 기술적 한계 등 어려움을 뚫고 목표에 도달하려는 이 여정은 IR 스토리의 두 번째 축이 됩니다.

초기 IR에서 자주 보이는 실수는 기술·특허·수상을 나열하며 자기소개서처럼 시작하고 끝내는 패턴입니다. 회사소개서는 가능하지만, 대부분의 스타트업의 발표에서 청중이 확인하려는 건 문제를 보는 태도, 해결 접근법, 실행 전략과 전술입니다. 우리는 완벽한 팀이 아니라 문제를 끝까지 붙들고 개선하는 팀이면 충분합니다.

■ 감정을 생성: 과장이 아닌 진정성의 온도

영화나 소설처럼 관객을 들었다 놨다 할 필요까진 없지만 비즈니스 스토리라고 해서 전체가 딱딱할 필요도 없습니다. 감정이 완전히 배제된 이야기는 밋밋하고 공허하게 느껴집니다.

  스토리의 과학으로 사업계획을 설계하라

스타트업 IR 스토리에서도 감정선은 만들어질 수 있습니다.

> ▶ **문제의 발견**: 고객의 고통 · 불편에 공감시키기 → "맞아, 그럴 수
> 도 있겠구나."
> ▶ **도전과 어려움**: 팀이 겪는 시행착오 → 진정성의 근거
> ▶ **작은 성공과 전환점**: 고객의 첫 변화 → 미래에 대한 기대

비즈니스 스토리의 감정은 과장되거나 드라마틱할 필요는 없습니다. 오히려 작지만 현실적인 공감대, 예를 들어 고객이 제품을 통해 일상에서 겪는 작은 변화 하나가 더 큰 신뢰를 만들어냅니다.

어머니의 병상에서 건강식을 연구하다 만들어진 잡곡제품 곡물원처럼 감정을 잠깐이라도 건드리는 IR 스토리는 단순히 "이 제품이 좋다"를 넘어서 "이 제품이 그들에게 필요하다"는 느낌을 심어줍니다.

■ 상상을 불러일으키는 디테일

"최고의 품질입니다", "자연 친화적입니다" 같은 추상적인 표현은 청중의 마음을 움직이기 어렵습니다. 디테일은 청중의 머릿속에 구체적인 장면을 그리게 합니다. 청중이 우리의 이야기를 상상으로 '보는' 순간, 감정적으로 몰입하고 설득되기 시작합니다.

디테일은 고객 이야기뿐만 아니라 창업팀의 전략적 스토리에도 필수적입니다. 창업팀이 문제를 발견하고 해결 방안을 구체화해 나가는 과정, 그리고 의미 있는 결과물과 성과를 이루어 내는 장면을 그려주어야 합니다. 예를 들어 "우리는 3개월 동안 매일 현장을 기록하며 해법을 찾

았습니다."처럼 창업팀의 스토리에도 생생한 디테일을 담아야 합니다. 청중은 그 과정을 통해 팀의 진정성과 문제 해결 능력을 직관적으로 느끼게 됩니다.

■ 변화와 진화

모든 이야기는 '변화'를 통해 완성됩니다. 영화나 소설이 보여주는 마지막도 '주인공이나 환경의 변화'로 수렴됩니다. 고객이 겪는 문제와 불편함이 해결되는 모습, 그 과정에서 비즈니스가 실행되고 성장하며 팀이 도약하는 순간들이 그려져야 비로소 우리 이야기가 살아 숨 쉬게 됩니다.

청중은 완벽한 결과보다 진정성 있는 과정에 공감합니다. 결과 자체보다 그 결과에 도달하기까지의 여정에서 더 큰 감정을 느낍니다.

변화는 반드시 극적인 전환점일 필요는 없습니다. 오히려 작고 현실적인 변화를 언급할 때 신뢰가 두터워질 수 있습니다.

"예전에는 1시간 걸리던 일이 이제 10분이면 끝난다"

"고객과 시장의 목소리를 듣고, 수십번을 개선하며 여기까지 왔습니다."라고 말하는 순간 구체적이고 실감 나는 변화의 모습으로 청중의 마음을 움직입니다.

스토리의 과학으로 사업계획을 설계하라

스토리보다 중요한 질문 "어떤 기업이 될 것인가?"

■ 누가, 왜, 어떤 순간 사줄 것인가?

> "Don't judge a man until you have walked a mile in his shoes."
> (어떤 사람의 신발을 신고 1마일을 걸어보기 전까지는 그를 판단
> 하지 마라.)

"휴대폰을 열어보세요. 그 중 구독료 내고 이용하는 어플이 몇 개 인가요? 지불을 결정할 때 마음은 어떠셨나요?" 구독모델을 만드는 팀들에게 자주 묻는 질문입니다.

우리가 만들면 고객이 좋아할 것이라는 믿음. 위기를 멀리하기 위해서는 이 믿음을 버리는 것부터가 시작입니다.

통계청에 따르면 신생기업의 5년 생존율은 30%수준이라고 합니다. 우리가 생존하며 남기 위해서는 어떤 자세를 준비해야 할까요?

토스의 창업자 이승건 대표가 만든 SNS '울라불라'는 아무도 원하지 않는 문제를 붙든 사례였습니다. 몇 년을 고전하다 들은 멘토의 한마디 "근데 그걸 왜 쓰죠?"가 전환점이 되었습니다. 기술·디자인이 아무리 뛰어나도 사용 이유가 비어 있다면 시장은 반응하지 않는 것입니다.

팀들에게 자주하는 잔소리, WTP(Willing to pay)가 없는 곳은 현재 우리의 시장이 아닙니다. 우리는 초기에 강력한 니즈를 찾아 떠나고 그

안에서 우리의 제안이 받아들여짐을 확인해야 다음으로 진행될 수 있는 스타트업입니다.

이를 표현하는 키워드 PCF 혹은 PMF 라는 말은 많이 알려져 있습니다.

PCF(Product-Customer Fit)는 제품이 특정 고객 집단에게 얼마나 적합한지 확인하는 것입니다. 즉, 고객이 "이 제품은 나를 위한 것이다"라고 느끼게 하는 순간을 목표로 합니다. "우리가 해결하려는 문제가 특정 고객들에게 얼마나 중요한가?"를 검증하는 작업이며 초기 스타트업에겐 매우 중요한 과정입니다.

PMF(Product Market Fit)는 시장 적합, 시장내 수요패턴을 확립하고 고객들이 제품을 포기하지 못하는 것을 목표로 하는 표현입니다. "우리가 해결하려는 문제가 실제로 시장에서 중요한 문제인가?"를 검증하는 것이라고 볼 수 있습니다.

스타트업 초기에는 PCF를 먼저 꽉 잡고(반복 인터뷰 · 행동 데이터의 일관 신호), 그 위에서 PMF로 확장해야 합니다.

많은 팀이 Fit을 놓치는 이유는 단순합니다.

▶ '우리 고객'을 설명하지 못한다(뾰족한 정의 부재).
▶ 타깃의 생각 · 결정 과정을 모른다.
▶ 차별화=기능/형태로만 오해한다.

캐릭터 IP(Intellectual Property) 비즈니스를 계획중인 대표님은 타깃

   스토리의 과학으로 사업계획을 설계하라

이 14~19세 여학생이라고 밝혔습니다. 하지만 요즘 여학생들이 어떤 어플리케이션을 하루에 얼마나, 왜 들락날락 하는지 모르고 있었습니다. 치매예방을 위한 어플을 개발하는 대표님은 요즘 노인의 휴대폰 사용능력을 정확하게 알지 못했습니다. 제품을 찾고 비용을 지불하게 될 고객의 여정과 감정에 대해 깊이 있는 관찰이 없는 것입니다. 그 대신에 본인팀이 보유한 기술이 얼마나 혁신적인지 설명하기 급급했습니다.

빠르게 성장하는 팀은 관점이 달랐습니다. 그들은 고객이 원하는 느낌이 무엇인지, 진짜 사용을 결정하게 되는 순간은 무엇 때문인지 밝혀내는 팀이었습니다. 고객이 우리를 선택하고 이탈하는 이유를 검증하는 과정을 중요하게 생각하는 팀이었습니다.

하나하나 가설과 검증으로 버리고 쌓음을 반복하는 것이 유일한 할 일임을 아는 팀들이었다고 정리하고 싶습니다.

■ 생명력 있는 기업

> 인물은 '선해야 하고, 적합성이 있어야 하며, 사실적이어야 하고, 일관성이 있어야 한다'
>
> － 아리스토텔레스의 인물론

생명력을 가진 기업이란 단순히 매출과 규모를 자랑하는 조직을 의미하지 않습니다. 그것은 고객과 투자자, 팀원에게 명확한 목적과 가치를 전달하며, 시간이 지날수록 의미를 확장해 나가는 기업을 의미합니다.

초기 스타트업에겐 생존이 당면한 목표처럼 느껴질 것입니다. 하지만 제대로 뿌리내리기 위해서는 신뢰를 주고 공감을 얻을 수 있는 생명력을 가진 조직으로 성장할 준비를 해야 합니다.

◆ 왜 미션과 비전이 중요한가?

우리가 매력을 느끼는 사람은 어떤가요? 대개 진심이 느껴지는 사람, 책임감 있는 사람, 그리고 노력이 돋보이는 사람입니다. 기업도 다르지 않습니다. "왜 이 기업이 존재하는가?"를 명확히 전달하는 기업은 고객과 투자자의 마음을 움직입니다.

아리스토텔레스는 "설득력 있는 이야기는 가능성을 전제로 한다"고 말했습니다. 기업이 생명력을 가지려면 명확한 이유와 가능성을 보여줘야 합니다.

고객과 투자자는 기업의 '왜(Why)'를 알고 싶어 합니다.

스토리속 주인공들을 떠올려보아도 마찬가지입니다.

"어려운 상황에서도 진심으로 최선을 다하며, 목표를 향해 포기하지 않는 사람들." 우리는 그들을 응원합니다. 왜냐하면 그들의 의도와 방향이 선하며 명확하기 때문입니다. 기업도 마찬가지입니다.

사이먼 사이넥의 『Start with Why』(2009)는 이에 대해 말하고 있습니다. "사람들은 여러분이 '무엇을' 하는지 보다 '왜' 하는지에 반응한다"고 전하고 있습니다. IR 발표에서 역시 우리가 전달해야 할 핵심은 우리의 'Why'입니다.

왜 시작했는지, 어떤 문제를 해결하려 했는지, 이를 위해 우리는 무엇을 하고 있는지.

이 질문에 답할 수 있다면, 고객과 투자자는 자연스럽게 여러분에게 귀 기울일 것입니다.

◆ 형체: 조직의 틀과 문화

스타트업이 생명력을 가지려면 형체(Structure)가 있어야 합니다. 단순히 법적 형태를 말하는 것이 아니라, 팀워크, 협업 방식, 조직 문화 같은 실질적인 틀을 의미합니다. 팀이 단단한 기반을 가지고 운영될 때, 비로소 생명력을 갖춘 조직으로 성장할 수 있습니다.

1, 2인의 초기 스타트업이라도 다음 질문에 답할 수 있어야 합니다.

· 의사결정 과정은 어떻게 이루어지는가?
· 협업은 어떤 방식으로 이루어지고 있는가?
· 팀내 규칙과 문화는 무엇인가?

"구조가 없으면 스타트업은 마라토너가 아니라 방향을 잃고 뛰는 스프린터가 될 수 있습니다."

◆ 정신: 기업의 미션과 비전

기업의 정신은 그 기업의 존재 이유이자 방향입니다.

세계적인 전략가 리처드 루멜트는 "명확하고 설득력 있는 미션은 스타트업이 초기 단계에서 집중력을 유지하는 데 필수적"이라고 강조합니다. 미션은 단순한 슬로건이 아닙니다. 팀원들에게는 공동의 목표와 방향을, 고객과 투자자에게는 기업의 철학과 가치를 전달합니다. 다음은 미션 설계를 위한 점검 사항입니다.

미션 설계 4가지 체크리스트

1. 고객 또는 우리의 열망이 드러나고 있는가?

2. 회사 고유의 가치 제안을 담고 있는가?

3. 주 고객에 대한 우리의 역할을 명확히 전달하는가?

4. 간결하고 영감을 주는 문구인가?

◆ 사례로 보는 생명력 있는 미션

링크드인의 미션

"전 세계 인재들이 서로 교류하면서 생산성을 높이고 성공적인 커리어를 갖도록 한다."

· 고객의 열망: 생산성과 성공적인 커리어
· 기업의 가치제안: 전 세계 인재들이 교류할 수 있도록 돕는 것
· 기업의 역할: 인재들이 소통하고 목표를 달성하도록 지원

약물 제조 스타트업 어프렌티스의 미션

"약을 만드는 파트너, 어프렌티스.

우리는 제조업체가 최신 기술을 채택하여 모든 사람이 획기적인 치

 스토리의 과학으로 사업계획을 설계하라

료법을 사용할 수 있도록 돕는다."

· 고객의 열망: 획기적인 치료법의 보급

· 기업의 가치제안: 최신 기술로 제조업체를 돕는 것

· 기업의 역할: 제조업체와 협력해 치료법을 보급하는 파트너

이 글을 읽는 스타트업이라면 지금이라도 미션을 수립하고, 그것을 기반으로 팀과 고객, 투자자를 설득하는 데 활용해야 합니다. 여러분의 철학과 가치관으로 강렬한 인상을 남기도록 노력해야 합니다.

비즈니스 컨셉 전달 스토리 ARC 4S

■ 비즈니스의 본질을 그리는 가장 빠른 지도

저는 초기 스타트업이 검증을 하기 위해 필요한 가설을 세워주거나, 성장하는 스타트업의 투자유치 컨설팅을 가장 많이 하고 있습니다.

컨설팅을 시작할 때 가장 자주 듣는 피드백은 두 가지입니다.

"해당 분야 전문가도 아닌데, 어떻게 우리 아이템을 이렇게 빨리 이해하시나요?"

"우리 팀조차 정리 못한 이야기를 어떻게 이렇게 단시간에 만들었죠?"

저의 임무는 한정된 시간 안에, 팀에게 실제로 도움이 되는 결과물을 내는 것입니다.

그렇기에 '효율적인 이해와 정리의 기술'을 발전시키는 것은 자연스러운 일이었습니다.

AI, 메타버스, 로봇, 바이오, 화학, 소부장분야를 넘어 문화·예술까지. 각각의 산업은 달라도 비즈니스 스토리의 본질은 몇 가지로 수렴됩니다.

IR 피칭스토리를 설계할 때 중요한 것은 우리기술이 얼마나 멋지냐가 아닌 '비즈니스 컨셉 전체를 얼마나 명료하게 전달하는 가'이기 때문입니다.

자신의 비즈니스를 낯선 사람도 즉시 따라올 만큼 짧고 정확하게 설명하지 못하면, 시작이 어렵습니다.

저는 IR 스토리 설계작업을 쉽게 하기 위해 컨셉을 확인하는 4가지

 스토리의 과학으로 사업계획을 설계하라

스토리 아크를 만들었습니다.

스토리 아크란, 이야기 전개 속에서 긴장과 해소의 감정선이 그려지는 곡선을 의미합니다.

이 개념을 IR 스토리텔링에 맞게 재구성하여, 질문 기반 공식으로 바꾼 것이 바로 "Story Arc 4S"입니다.

이 공식은 처음 만나는 스타트업의 비즈니스 콘셉트를 빠르고 정확하게 파악할 수 있게 해줍니다.

저는 컨설팅 시작점에서, 이 네 가지 질문으로 핵심만 추려 적고, 이후 항목 간을 위아래로 대조하며 인과·배경·논리의 빈틈을 차근차근 메웁니다.

■ 비즈니스 컨셉 Story Arc 4S

구성요소	핵심 질문	목적
Situation	고객들은 어떤 상황에 있는 누구일까?	공감과 맥락 형성
Solution	우리는 어떤 해결책들을 제안하는가?	핵심 개념과 가치제안 이해
Strategies	고객은 왜, 어떻게 우리를 선택하는가?	수익·지속성 구조 명확화
Success	어떤 변화가 일어나는가?	비전과 가치의 완성

■ 4S에 대입해본 스타트업 스토리

◆ 시리즈A 스타트업 '키튼플래닛'의 브러쉬몬스터

· Situation: 1~5세 자녀를 둔 부모에게 양치 시간은 매일의 전쟁이다.

· Solution: 앱 속 캐릭터 '양치 인형'을 따라 아이가 즐겁게 양치한다.

· Strategies: 양치 습관을 분석하고, 맞춤 관리법을 지속 제안한다.

· Success: 집에서도 쉽고 재미있는 어린이 구강관리 문화가 정착된다.

◆ 2023 혁신창업스쿨 IR 1위 '링플'

· Situation: 20-30대 여성 컨텐츠 소비자는 인플루언서 영상 속 '이름 모를 제품'을 알고 싶다.

· Solution: 영상 내 모든 상품에 자동 정보 링크를 생성해 탐색 · 구매를 돕는다.

· Strategies: 인플루언서는 기존 영상 콘텐츠로부터 자동수익이 발생한다.

· Success: 과거 콘텐츠가 새 가치를 창출하고, 고객-판매자-크리에이터가 연결된다.

◆ 2025년 주목받은 스타트업 "스콘AI"

· Situation: 외국어 소통이 필요할 때 동시통역은 여전히 비싸고 한정된 서비스다.

· Solution: 모바일 기반 AI 동시통역과 QR 접속으로 누구나 즉시 이용 가능하게 한다.

· Strategies: 사용시간 · 인원 과금 모델로 시장 패러다임을 바꾼다.

· Success: 누구나 손 안의 퍼스널 동시통역 서비스를 누린다.

     스토리의 과학으로 사업계획을 설계하라

■ 4S 작성 가이드

◆ Situation: 고객의 현실을 공감으로 그리기

고객은 어떤 상황에 있으며, 무엇이 불편한가?

이 파트의 목적은 공감입니다.

청중이 "아, 저건 진짜 있지!", "나도 겪어봤어"를 떠올리게 해야 합니다.

이때 고객의 As-Is 상태를 간결하게 표현하면 됩니다.

플랫폼처럼 두 개의 페르소나가 존재할 경우, 우선적으로 Pain 또는 Gain(참여 강도가 높은 타깃)을 주인공으로 잡습니다.

◆ Solution: 우리가 제안하는 변화의 도구

이야기의 전환점은 여기서 시작됩니다.

"아, 그래서 이 팀은 이걸 이렇게 만드는구나."

솔루션은 기능이 아니라 '도와주는 방식'으로 설명해야 합니다.

저는 컨설팅 시 "도와준다, 이득을 준다"는 표현을 자주 사용합니다. 기업의 존재 이유는 고객에게 가치를 제공하고 그 대가로 수익을 얻는 일이기 때문입니다.

◆ Strategies: 고객의 일상 속으로 파고드는 힘

이 파트는 "우리의 해결책이 어떻게 고객의 삶 속에 자리 잡는가"를 설명합니다.

핵심가치 강조, 비즈니스모델, 차별화 포인트, 락인(Lock-in) 전략 등이 여기에 해당합니다. 고객이 우리의 제품이나 서비스를 사용하고 구

매하는 이유가 되는 기업 핵심활동위주로 간결하게 작성해봅니다.

솔루션이 생산이라면, 전략은 그것을 '지속가능한 관계로 전환'하는 과정입니다.

향후 전체 스토리를 구성할 때 이 부분이 그럴 듯 한지 확인해야 합니다.

◆ Success: 변화된 세상의 한 장면

마지막 장면은 고객의 변화를 보여줘야 합니다.

불편이 해소되고, 더 나은 상태가 지속되는 모습.

혹은 한 번 경험하면 다시 돌아갈 수 없는 새로운 일상의 탄생.

이것이 바로 기업이 만들어내는 '가치의 결말',

그리고 우리가 존재하는 이유입니다.

■ 실습노트 - 비즈니스 컨셉 스토리 아크 만들기

Situation(고객의 상황):

Solution(해결도구):

Strategies(전략과 계획):

Success(변화된 상태):

 스토리의 과학으로 사업계획을 설계하라

2부

IR Deck 실전 스토리 전략

1장

IR Deck
스토리 설계 기초

실험자로서의 스타트업

우리는 가설을 세우고 검증하는 실험자가 되어야 합니다. 린스타트업(Lean Startup)의 에릭 리스(Eric Ries)는 스타트업을 '고객의 문제를 해결하기 위한 가설을 수립하고, 최소 기능 제품(MVP)을 통해 이를 검증하며, 학습을 반복하는 조직'으로 설명합니다. 린스타트업의 이론적 기반을 마련한 스티브 블랭크(Steve Blank)는 스타트업을 '반복 가능하고 확장 가능한 비즈니스 모델을 찾기 위해 구성된 조직'이라 정의하기도 했습니다. 이들의 공통점은 스타트업이 실행자가 아닌 실험자라고 말하는 것입니다.

에릭 리스와 스티브 블랭크가 강조하듯, 스타트업은 가설→MVP→학습의 조직입니다.

스타트업은 '정답을 아는 팀'이 아니라 '검증을 반복하는 팀'이어야 합니다. 틀렸을 때 방향을 신속하게 수정하며 나아가기 그것이 우리의 할 일입니다.

린(Lean)의 뜻: 자원 절약이 아니라 최소 비용으로 최대한 빨리 배우는 것. 틀렸을 때 저비용으로 방향 수정하는 능력.

MVP 기준: '최소'와 '가설 직결'.

완성도가 아니라 학습 속도가 성과.

■ 확인할 가설을 명확히 하기

스타트업 창업자들은 보통 아이디어에 대한 강한 확신을 가지고 출발합니다. 그러나 이 확신이 시장과 고객에게 완벽하게 일치될까요? 아마도 여러 번 깎이고 수정되는 것은 기본일 것입니다.

스타트업은 본질적으로 불확실성 속에서 출발하며, 가설은 이런 불확실성을 체계적으로 줄이기 위한 도구입니다.

◆ 가정을 검증 가능한 가설로 바꾸기

가정이란 "이런 일이 일어날 것 같다"는 직감에 가깝습니다. 반면, 가설은 그 가정을 검증 가능한 형태로 구체화한 것입니다. 단순히 "고객은 다양한 색감으로 출시되는 제품을 좋아할 것이다" 같은 내용은 막연한 상상일 뿐일 것입니다. 이를 구체적인 가설로 바꾸기 위해서는 다음과 같은 작업이 필요합니다.

· 가정: 고객은 빠른 응답 서비스를 좋아할 것이다.

· 가설: 고객은 대기중 10초 이상이면 이탈할 것이다.

이처럼 가설은 명확한 조건과 결과를 포함하여 측정 가능한 형태로 만들어지면 좋습니다. 그렇게 만들어진 가설이 실험이나 검증을 통해 결과를 확인할 수 있게 해주기 때문입니다.

◆ 가설의 핵심 요소

· 측정 가능한 조건과 결과를 포함하기

막연한 기대가 아니라, 특정 행동이나 결과를 예측하는 구체적인 진술일수록 좋습니다. 이를 통해 실험이나 인터뷰, 데이터를 이용하여 검증할 수 있어야 합니다.

· 고객 중심으로 작성하기

가설은 창업자의 시각이 아니라 고객의 시각에서 출발해야 합니다. 고객이 여러분의 제품이나 서비스를 찾게 되는 이유, 사용하는 이유, 사용하지 않는 이유를 설명할 수 있는 형태로 작성되어야 합니다.

· 한 번에 하나의 변수를 검증하기

"고객은 빠른 응답 속도와 편리한 인터페이스 때문에 우리를 선택할 것이다"라는 가설은 다소 복잡합니다. 빠른 응답 속도가 중요한지, 인터페이스가 중요한지 구분하기 어렵기 때문입니다. 각 변수별로 별도의 가설을 설정하는 것이 좋습니다.

◆ 가설 검증 방법

가설을 설정했다면 이제 검증의 단계입니다. 가설 검증은 완벽하거나 복잡한 도구가 필수는 아닙니다. 오히려 단순하고 빠르게 실행 가능

   스토리의 과학으로 사업계획을 설계하라

한 방법이 가장 효과적일 수 있습니다.

· 고객 인터뷰와 설문

직접 고객과 질문하며 가설에 대한 피드백을 받는 중요한 과정입니다.

· 프로토타입 테스트

간단한 MVP나 프로토타입을 제작해 실제 고객의 행동을 관찰하는 것입니다. 우리가 제안하는 핵심 가치를 현실로 구현한 간단한 제품을 테스트하며 고객이 어떤 피드백을 주는지 살펴보는 것입니다.

· 데이터 기반 실험

구체적인 데이터를 통해 가설을 검증합니다. 예를 들어, 웹사이트 속도를 개선한 후 고객 이탈률이 어떻게 변화하는지 확인하는 것입니다.

모든 가설들은 수정되고 개선되면서 채택 또는 기각됩니다. 이를 통해 고객이 누구인지 올바른 가치제안인지 확인할 수 있습니다.

◆ 가설 검증 예시

고객검증 예시

"우리 고객은 _________을 필요로 하는(원하는) 사람이다."

"우리 고객은 _________에 불편을 느끼는 사람이다."

그들은 ______을 하고 있다. "______를 달성하기 위해"(핵심니즈)

고객은 본인의 바람을 달성하기 위해 이미 대안을 사용하고 있거나 해결방법을 찾는 사람입니다. 여기서 바람이나 목표는 핵심 니즈라고 할 수 있습니다.

그들은 그들이 바라는 목표상태에 도달하려는 과정에서 경험 하고픈 Gain point를 갖고 있습니다. 그러나 그 여정에서 Pain point를 느끼고 있습니다.

예를 들면 네비게이션이 없던 시절 운전자들은 길을 헤메지 않고 목적지에 도착하고 싶었을 것입니다. 이것은 고객이 가진 기본적인 니즈이자 고객이 원하는 핵심 가치입니다. 그 목표를 해결하는 과정에서 고객은 더 빠른 길을 찾고 싶고 정확한 이용도로를 알고 싶을 것입니다. 이것이 Gain point입니다. 그 상황에서 그들을 돕는 기존 대안은 종이책으로 된 지도였을 것입니다. 그러나 두꺼운 책이나 간단한 그림으로 된 지도는 사용방법이나 정보력에서도 불편하고 아쉬운 점이 있었습니다. 바로 이것이 Pain point입니다.

이렇게 간략하게 고객의 바람과 불편을 객관적으로 바라보는 것이 아이디어 고도화의 시작이자 가설을 만드는 첫 작업입니다. 그들이 바라는 것을 세분화하거나 불편을 나누어 검증하며 우리의 고객들에게 무엇을 제안할지 정한 후 우리의 고객을 뾰족하게 그려 나갑니다.

그렇게 만들어진 대표고객의 모습을 "페르소나(Persona)"라고 칭합니다.

타깃고객은 고객 중에서도 바람의 강도가 강하거나 불편을 느끼는 빈도가 강한 사람일 것입니다. 그래서 적극적으로 대안을 찾을 확률이

　　　　　　　스토리의 과학으로 사업계획을 설계하라

크고 새로운 방법이 나오면 바로 구매로 이어질 확률이 큰 사람입니다. 이런 고객들을 대상으로 그들이 왜 / 어떤 것을 경험하고 / 무엇을 느끼고 / 생각하는지 / 찾아내는 것을 목표로 하는 가설을 세우면 좋습니다.

◆ Gain point 가설 예시

_____ 한 사람들은 _____ 하기를 바랄 것이다(핵심니즈). _____ 하기 위해.

_____ 하기를 바라는 사람들은 _____ 순간 _____ 을 바랄 것이다(빈도확인).

_____ 하기 바라는 사람들은 더 빠르게(편하게) _____ 하기를 원하고 있을 것이다(pain 동시확인).

_____ 하기 바라는 사람들은 _____ 등의 대안을 이미 찾고(검색하고) 있을 것이다(강도확인).

◆ Pain point 가설 예시

_____ 상태에 있는(을 경험하는) 사람들은 현재 _____ 에 불편을 느끼고 있을 것이다.

_____ 한 상태에(을 경험하는) 있는 사람들은 _____ 한 상황마다 불편을 경험하고 있을 것이다(빈도확인).

_____ 한 상태에 있는(을 경험하는) 사람들은 _____ 같은 대안을 사용해보았을 것이다(강도확인).

◆ 고객개발 가설 수립 예시

"인공지능 안경피팅 기기"

안경원 점주는 판매과정 중에 정확한 피팅을 중요시할 것이다(핵심 니즈). 고객만족도를 높이기 위해.

안경원 점주는 고객의 피팅 불만족 사례를 없애고 싶을 것이다.

안경원 점주는 안경피팅을 하는 순간마다 결과물의 정확도에 대해 의심할 것이다.

안경원 점주는 안경피팅에 5분이상 시간이 드는 것이 귀찮게 느껴질 것이다.

안경원 점주는 재피팅으로 인한 비용발생을 경험했을 것이다.

안경점을 운영하는 점주는 대안으로 ______을 사용해 보았을 것이다.

◆ 가치제안 검증 예시

가치제안의 가설을 설계할 때는 최대한 정량화 하는 것이 좋습니다. 그들이 바라는 상태나 우리 제품으로 달성가능한 상태를 측정가능 하도록 만드는 것입니다. 그래야 고객의 전 후가 얼마나 달라지는 것인지 확인할 수 있기 때문입니다. 정성적인 가치 또한 최대한 객관적으로 표현하는 것이 좋습니다. 물론 모든 것이 정량화 되지 않습니다. 고객이 느끼는 좋은 상태는 기능적, 효율적인 부분도 있지만 감정적, 사회적, 정서적인 것도 포함되기 때문입니다.

· 기능적 가치 제안 예시

____ 기능으로 ________ 하는 작업을 ______ 게 도와준다(작업속

    스토리의 과학으로 사업계획을 설계하라

도, 효율성, 사용성, 절차편의 등).

· 사회적 가치 제안 예시

_______ 사용으로 _______ 한 사람임을 표현하는 데 도움을 준다.

· 정서적 가치제안 예시

_______ 사용으로 _________함을 느끼게 해준다.

◆ 예시

"AI기술로 인플루언서를 매칭해주는 서비스"

중견기업의 마케팅비서역할을 해준다 ×(모호한 가설)

→ 중견기업의 마케팅 담당자가 인플루언서를 매칭하는데 걸리는 시
간을 90%이상 줄여준다.

"임플란트 전처리 기계"

플라즈마기술로 임플란트 표면손실을 50% 줄이고 친수성57% 은 증
가시켜 임플란트 유지 강화(기술관련 가설은 R&D과정에 활용)

→ 임플란트 성능에 영향력을 제로화하는 기술로 수술성공확률 10%
이상 증가시켜준다.

"천연소프넛으로 만들어진 세제"

천연소프넛으로 지구와 피부에 안전하게 의류세척가능

→ 천연소프넛으로 화학제품 대비 3대 피부트러블 발생확률을 75%

감소시켜준다.

→ 환경보호에 참여하는 사람이라는 정서적 만족감을 만들어 준다.

위 가설에서 보듯이 고객은 우리에게 어떤 기술을 쓰라고 요구하지 않습니다. 우리가 개발중인 엄청난 기술엔 관심조차 없을 확률도 매우 큽니다. 우리는 오로지 그들이 바라는 목표, 사용감, 느낌, 감정, 상태, 방법, 효율을 확인하는 데 집중해야 합니다. 우리가 제안하는 방식, 모습, 형태 등의 모든 것은 우리만의 고민이며 오로지 우리가 경쟁우위를 만들기 위한 방법론일 뿐입니다.

■ 아하(A-ha! Moment)발견하기

스티브 블랭크는 스타트업 사무실에는 입증된 사실이 아닌 의견만 있을 뿐이라고 말했습니다. 의견은 방향의 시작점이지만, 사업을 움직이는 연료는 입증된 사실뿐이란 것을 잊지 말아야 합니다. 여기서 연료란 데이터를 수집에는 데 그치지 않고 그 데이터 안에서 패턴과 아하 모멘트(Aha Moment)를 찾는 것을 의미합니다. 고객의 행동이 이해되고 중요한 근거가 확보되면 여러분은 그 지점을 중심으로 제품을 개선하고 고객 경험을 설계해야 하는 것입니다.

아하 모먼트(Aha Moment)란, 스타트업이 고객의 행동, 데이터, 그리고 반복되는 패턴 속에서 숨겨진 인사이트를 발견하고, 이를 통해 제품이나 서비스의 방향성을 변화시킬 수 있는 깨달음의 순간을 의미합니다. 고객입장에서는 우리 제품을 사용하며 가치를 발견하는 순간, 그로 인해 서비스에 안착하게 되는 특정 지점이라고도 말할 수 있습니다.

   스토리의 과학으로 사업계획을 설계하라

이 순간은 단순한 문제 해결을 넘어, 고객의 진정한 니즈와 시장 기회를 인지하게 되는 계기가 되기도 합니다. 실제 이를 통해 기존의 가정을 뒤엎는 발상의 전환이 이루어질 수 있습니다.

많은 초기 스타트업이 실수하는 것 중 하나는 고객을 단순히 실험의 대상이나 설문 응답자로 여기는 것입니다. 그러나 고객은 그 이상의 가치를 가진 존재라고 할 수 있습니다. 고객은 팀이 놓치고 있는 문제를 알려주는 유일한 해결자이자, 아이디어를 현실에 안착시켜 줄 조언자가 될 수 있습니다.

특히 고객과의 대화는 일방적인 설득이 되어서는 안됩니다. 쌍방향적인 배움의 과정이고 끊임없이 확인하는 교류로 채워져야 합니다.

실제로 고객에게 우리 서비스가 어떤지 묻는 경우도 많습니다. 저는 이 설문이나 인터뷰는 무의미하다고 강조합니다. 고객은 질문자 앞에서 호의적인 답변을 하는데 익숙하기 때문입니다.

고객과의 대화는 그리 쉬운 과정은 아닙니다. 그들은 여러분 질문에 솔직하지 않을 수도 있습니다. 심지어 여러분의 아이디어를 좋아하지 않을 수도 있습니다. 설문에서 긍정으로 답한 사람들도 여러분의 제품을 구매하진 않습니다. 인터뷰시 그럴 듯하다 끄덕인 사람도 진짜 속마음은 다르단 걸 결코 잊어서는 안됩니다.

데이터 과학자 세스 스티븐스 다비도위츠의 책『Everybody Lies』(2017)에 의하면 인간은 평생 세번에 한번 꼴로 거짓말을 한다고 합니다. 그렇기에 제대로 된 대화는 설계부터 매우 어렵고 끊임없는 탐구와 해석이 필요한 작업입니다.

고객과의 대화가 어려운 또 하나의 이유는 그들이 니즈를 표현하는 방법을 잘 모르기 때문입니다. 스티브 잡스가 인용한 자동차 회사 포드의 대표는 다음과 같이 말했습니다. '만약 고객에게 무엇을 원하는지 묻는다면 그들은 조금 더 빠른 말과 마차라고 답했을 것'

우리가 고객과의 대화로 의미 있는 결과를 만들기 위해서는 패턴을 찾는 능력을 키워야 합니다. 고객의 진짜 말과 행동 속에는 비즈니스를 진행하거나 개선할 수 있는 힌트가 숨어 있습니다.

에어비앤비(Airbnb)가 핵심가치를 발견한 것도 사업 초기 자신의 집을 단기 숙박 장소로 제공하고자 하는 실험에 였습니다. 고객들은 단순히 저렴한 숙박 시설을 찾는 것이 아니라, 현지의 문화와 일상을 직접 체험할 수 있는 '독특한 경험'을 원한다는 점을 찾아낸 것이 전환점이었습니다. 이를 확인한 에어비앤비는 단순히 숙박 중개 플랫폼을 넘어 '현지에서 살아보는 경험'이라는 가치를 브랜드의 중심으로 삼았습니다. 그 결과, 사용자가 원하는 지역별 체험을 큐레이션하고 현지 호스트와의 연결을 강조하며 새로운 고객 경험을 제안한다고 말했습니다. 이러한 접근이 에어비앤비를 단순한 숙박 서비스 제공자에서, 글로벌 여행 문화를 혁신하는 플랫폼으로 자리 잡게 했습니다.

짧은 컨텐츠 소비자를 발견한 쇼츠와 틱톡, 1분짜리 드라마 서비스 등도 고객들의 반복행동(긴 컨텐츠를 휙휙 넘겨버리거나 일명 '짤'을 만드는 트렌드 등)을 발견한 결과물입니다. 직장인들의 비밀스러운 소통 채널 블라인드나 카카오톡의 단체채팅방의 조용히 나가기 기능 등은 고객의 심리적 부담을 발견한 결과물입니다.

아하 모멘트란 단순한 데이터 분석 결과나 피드백의 나열이 아닙니

 스토리의 과학으로 사업계획을 설계하라

다. 그것은 고객이 말하지 않는 진짜 니즈를 포착하는 것이며 서비스를 진화시키는 핵심적인 통찰입니다. 고객의 말과 행동 속에서 진정한 가치를 발견하는 능력은 스타트업의 성장을 가속화하는 핵심 스킬이 될 것입니다.

고객인터뷰 방법론

고객의 진짜 니즈를 파악하기 위해서는 사실에 가깝게 다가가는 작업이 필요합니다. 고객으로부터 진정한 깨달음을 얻는 효과적인 방법 중 하나는 맥락과 의미 분석을 위한 직접 인터뷰입니다. 『Small Data』(2016)의 저자 마틴 린드스트롬(Martin Lindstrom) 역시 본질파악을 위한 직접대화를 추천합니다.

관찰 기법도 좋지만 높은 비용과 시간이 들며, 전문적인 통찰이 없으면 잘못된 결론에 이를 수 있습니다. 설문조사와 데이터 분석은 대량의 정보를 얻을 수 있지만, 고객의 실제 감정이나 구체적인 니즈를 듣는 데 한계가 있습니다.

고객은 바라는 것을 명확하게 말하기 어려워합니다. 카카오톡이 없을 시절 사람들은 여럿이 함께 휴대폰에서 메시지를 나눈다는 상상을 정확하게 하고 있지 않았습니다. 그냥 여러 사람에게 문자를 전달하는 절차를 수행하고 있었을 것입니다. 그 과정이 불편하다 생각만 하고 있었을 것입니다.

인터뷰는 고객에게 일어나는 일들을 물어 어디가 불편한 구간인지 비교적 잘 말할 수 있게 도와주는 효율적인 방법입니다.

우리는 인터뷰에서 그들에게 의견을 물을 필요도 없습니다. 왜냐하면 이런 게 있으면 어떨까요? 라는 질문에 대부분의 대상자는 "좋네요

~"라고 대답해줄 가능성이 크기 때문입니다. 우리는 조작된 의견이 아닌 진짜 느낀 생각, 마음의 상태, 실제로 한 행동, 발생한 현상에 대해 구체적으로 말하도록 질문해야 합니다.

그리고 객관적으로 찾아낸 고객의 행동과 감정(실제 느끼고 있는 것들을 정확하게)을 통해 미래행동의 단서로 써야 합니다.

예를 들면, 외장하드에 자료를 빼곡히 저장해야 편안함을 느끼는 사람이라면 결국 클라우드 서비스를 사용하게 될 가능성이 높습니다. 그 중에 외장하드나 이동식 저장장치를 자주 잃어버렸거나 고장 나서 일을 그르친 경험이 있어 불안하고 짜증나 본(객관적 사실) 사람들은 훨씬 더 적극적으로 대체재를 찾아낼 것입니다.

고객 인터뷰는 깊이 있고 솔직하게 말할 수 있는 분위기로 수행하는 것이 효과적입니다. 이를 위해 다음의 주의사항을 염두에 두고 인터뷰를 진행하면 좋습니다.

▶ 구체적으로 묻기

"왜, 언제, 어떤 상황에서, 얼마나 자주, 무엇을 위해?"와 같은 질문을 통해 명확한 맥락을 파악

▶ 사실을 묻기

실행한 것, 경험한 것, 본 것, 들은 것, 발생한 것 등 구체적으로 일어난 사건에 대해 질문

▶ 감정과 생각을 묻기

"어떤 기분이 들었나요?", "어떤 생각이 들었나요?", "솔직히 어떤 점이 가장 불편했나요?" 등 고객의 감정과 내면적인 생각을 이해하는 질문

▶ 객관성을 유지하기

내 서비스와 관련된 의견을 묻지 않기, 긍정적인 답변을 유도하거나 가정적인 질문을 피하기

고객 인터뷰는 단순하게 고객의 의견을 듣는 과정이 아닙니다. 우리는 고객이 자신도 모르게 보여주는 작은 힌트 속에서 뜻밖의 기회를 발견할 수도 있습니다. 이를 위해 인터뷰 과정에서 항상 고객의 말을 깊이 경청하며 통찰을 얻어야 합니다. 그들과 반복적으로 소통하며 그들의 문제를 더 잘 이해하고, 고객 중심의 제품과 서비스를 설계할 수 있어야 합니다. 이런 작업들은 성공적인 제품 개발을 넘어, 깊은 신뢰를 형성하는 밑거름이 될 것입니다.

■ 민족지학적 분석(ethnographic analysis) 방법

민족지학적 분석법은 사람의 행동, 조직 문화, 시장 환경에 숨겨진 문화적 요소를 이해하는 방법론입니다. 민족지학은 특정 집단의 삶의 방식, 관습, 행동 이면에 숨겨진 사회적 의미를 심층적으로 탐구하는 방법론으로, 인류학과 사회학에서 시작되어 다양한 분야로 확장되었습니다.

19세기 말, 인류학자들은 식민지 지역의 토착 문화를 연구하기 위해 민족지학을 활용하기 시작했습니다.

          스토리의 과학으로 사업계획을 설계하라

민족지학적 분석의 핵심은 현장에서 수집한 질적 데이터를 통해 의미를 해석하는 데 있습니다. 연구자는 현지인들과의 인터뷰, 일상적 관찰, 참여 활동 등을 통해 표면적 행동 이면의 사회적·문화적 의미망을 파악합니다. 이러한 방식은 단순한 통계적 접근을 넘어서 의미와 맥락을 심층적으로 설명할 수 있는 장점을 지닙니다.

글로벌 IT 기업인 인텔(Intel)은 제품 개발 과정에서 고객의 삶과 제품 사용 환경을 심층적으로 연구하기 위해 민족지학적 분석을 사용했습니다. 호주 출신의 인류학자 제네비브 벨(Genevieve Bell)이 수석엔지니어로 재직하며 민족지학적 연구를 도입한 것입니다. 또한 사만다 라디너스(Samantha Ladner)는 사회학자이자 UX 리서치 컨설턴트로 민족지학적 방법을 활용하여 기업의 제품 및 서비스 디자인을 개선하고 있습니다. 그녀는 『Practical Ethnography』(2014)라는 저서를 통해 기업 환경에서 민족지학적 연구의 적용 방법과 그 중요성을 강조했습니다. 이를 통해 소비자의 비공식적 니즈를 발견하고 혁신적인 제품을 설계한 것입니다.

창업자가 데이터를 넘어 보이지 않는 문화적 맥락과 의미를 읽어내는 능력을 갖춘다면 창업 세계에서 지속적인 성장을 이루는 데 한걸음 가깝게 갈 수 있을 것입니다.

BMC(Business Model Canvas)와 고객 Fit 설계

스타트업에게는 모든 의사결정 과정이 가설과 검증입니다.

그렇기에 BMC(Business Model Canvas)라는 툴을 이용해 가설을 세워 나가는 방법도 활용하기 좋습니다.

비즈니스 모델이란 단어는 90년도 중반 급속도로 확산된 개념입니다. 비즈니스 모델이란 통상적으로 기업이 어떤 가치를 만들고, 그 가치를 어떻게 전달하며, 어떻게 수익으로 만들 것인지를 보여주는 모형입니다. 그래서 기업의 핵심 활동, 수익원, 비용 구조, 고객과의 상호작용 방식 등을 포함하여 보여주는 것이 보통의 방법입니다.

비즈니스 모델은 비즈니스를 스케치할 때 매우 편리한 방법이기도 합니다. 예스 피그누어(Yves Pigneur)와 그의 제자 알렉산더 오스터왈더(Alexander Osterwalder)의 비즈니스 모델 캔버스(BMC)는 사업화를 위해 고려할 요소를 점검하기 좋습니다. 린 스타트업에 입각하여 만들어진 애쉬모리아(Ash Maurya)의 린캔버스는 초기 스타트업의 고객 문제와 솔루션에 집중하여 진정한 경쟁우위를 점검하도록 돕습니다.

스타트업이 가설을 명확히 하지 않고 비즈니스를 진행하는 것은 지도 없이 항해하는 것과 같습니다. 어디선가 바람은 불고 있지만, 어디로 가야 할지 모르는 상태처럼 목적지에 도달할 가능성이 희박해집니다.

또한 스타트업의 한정된 자원을 올바른 방향으로 사용하려면, 가설을 명확히 세우고 검증하는 과정이 필수적입니다. 고객의 반응과 이로 인해 수집된 데이터는 여러분의 가설이 맞았는지 알려줄 것이고, 이 과

　　스토리의 과학으로 사업계획을 설계하라

정에서 여러분과 팀은 보다 나은 결정을 내릴 수 있을 것입니다.

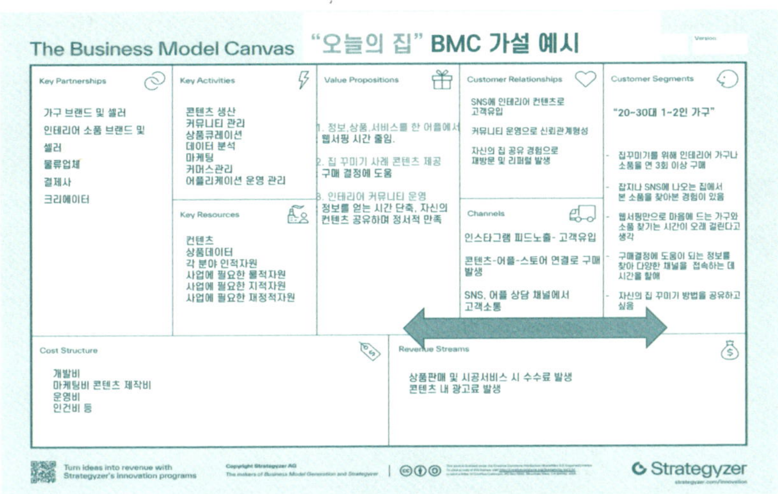

[그림 2] 오스터왈더의 BMC를 이용한 가설 예시

■ 고객과의 Fit에 집중하기

Fit. 한글로는 맞춤. 이 단어는 어떤 두 대상이 닿아 있음을 의미합니다. 비즈니스에서 두 대상은 우리의 제안과 고객입니다. 이 둘이 얼마나 많이 닿아 있나? 얼마나 자주 닿는가? 얼마나 오래 닿아 있는가? 이 닿음의 정도가 스타트업의 성패를 가르는 중요한 지표가 됩니다.

다시 이야기하면 우리 제품이나 서비스를 얼마나 많은 사람이 사용하는가? 얼마나 자주 사용하는가? 이 질문 대한 답이 성공의 척도인 것입니다.

비즈니스 계획단계에서 Fit을 확인하는 툴로는 예스 피그누어와 알렉

산더 오스터왈더가 2014년 소개한 VPC(Value Proposition Canvas)라는 모델을 활용할 수 있습니다. VPC는 고객의 문제(Problem)와 제품의 가치(Value Proposition)가 얼마나 잘 맞는지를 분석하는 데 유용합니다. VPC는 고객의 Pain(불편), Gain(얻고자 하는 것), JTBD(Job to be Done하려는 일)을 구체적으로 분석하여, 제품이 이 요구사항들을 충족할 수 있는지를 명확히 할 수 있습니다.

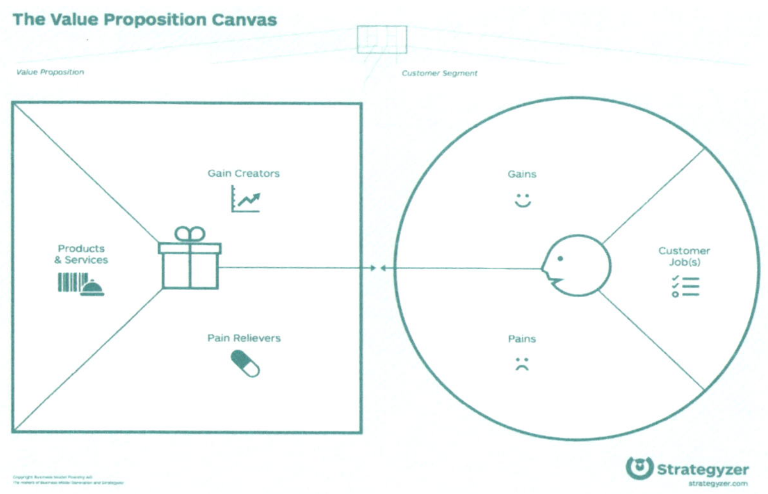

[그림 3] VPC(Value Proposition Canvas) 모델

저는 초기창업자들의 이해를 돕고자 시각적으로 변형한 형태로 만들어 활용하기도 합니다.

  스토리의 과학으로 사업계획을 설계하라

예시 **식판 구독 서비스**

고객의 문제상황		우리가 제공하는 방법(기능)		고객이 경험하는 가치		
	As -is		Solution		To -be	Value
1	급식서비스를 위해 인원수+30개의 식판을 구비해야 함	1	식판 렌탈 및 데일리 배송 구독서비스	1	비용 절감	비용적 만족
2	위생 관리 비용 부담 연평균 200만원 증가	2	세척 및 소독 관리 서비스	2	식판 관리 업무 절감 (비용비슷)	기능적 만족
3	급식서비스관련 학부모 만족도를 올리고 싶음	3	세척, 소독과정 열람,공유가능	3	전문적 위생관리 이미지구축	심리적 부담 감소

[그림 4] 가치제안 Align

　　이런 도구들을 미리 써 본다고 위기가 오지 않는 것은 아닙니다. 시중에 나오는 분석툴이나 도구들은 모두 우리가 어디서 잘못하고 있는지 발견하고 빠르게 변화 가능하도록 설계하기 위함이란 것을 잊으면 안됩니다. 자금이 떨어져서, 조직이 무너져서, 경쟁우위를 놓쳐서 등 실패할 이유는 어디든 존재합니다.

버븐(Burbn)은 위치기반 사진공유라는 아이디어로 소셜네트워크 시장에 등장한 서비스입니다. 이들은 초기에 고객을 모으기 위해 일정 짜기, 포인트적립, 게임 등 복잡한 프로토타입을 구축했었습니다. 버븐은 흥행에 완전히 실패해버렸습니다. 그러나 실패과정에서 고객의 일정한 패턴을 발견했습니다. 고객들이 본인만의 특별한 감성을 사진으로 표현하기 좋아한다는 것이었습니다. 그들은 복잡한 기능을 다 내려놓기로 했습니다. 그리고 다양한 디자인과 감성적 필터에만 집중하기로 결정했습니다. 창업자 본인이 오랜 기간 사랑했던 레트로풍의 감성을 필터 서비스에 접목했습니다. 이 감성은 비슷한 세대에게 제대로 통했습니다. 이 서비스는 2010년 이후 인스타그램이라는 이름으로 지구를 움직이는 소셜 플랫폼으로 성장했습니다.

얼마전 컨설팅한 초기창업 스타트업은 특정질환을 시술하고자 하는 사람들을 위한 서비스를 만들고 있었습니다. 시장규모가 성장하는데 비해 고객들이 원하는 병원을 찾고 선택하는데 어려움을 겪는다고 했습니다. 그 분야병원만을 모아둔 서비스는 없기에 빠르게 만들려 한다고 저를 재촉했습니다.

저는 컨설팅을 길게 하지 않았습니다. 그들의 고객은 네이버로 충분히 검색 솔루션을 받고 있었습니다. 네이버에서 충분히 많은 병원을 모아 볼 수 있고 위치검색에 상담연결도 가능했습니다. 때문에 병원을 모아보고 싶은 것에 대한 어떤 아쉬움도 없어 보였습니다.

해당팀에게 아주 간단한 인터뷰 질문을 만들어 주고 바로 고객인터뷰를 진행하도록 했습니다. 결과는 그 팀을 즉시 이해시켰습니다. 고

　　　　　　　　　　스토리의 과학으로 사업계획을 설계하라

객들은 그 분야만 따로 모아보는 것에 대한 니즈가 없었습니다. 그들이 정보를 찾는 루트는 피로할 정도로 많았습니다. 네이버, 커뮤니티 등에서 선택지를 편하게 보여주기 위한 가치제안은 이미 다 존재했던 것입니다. 그러나 선택하는 데는 어려움을 겪는 것이 맞았습니다. 그들은 원하는 기관을 결정하는데 영향받는 요인들이 달랐습니다. 스스로 기준을 세우는 방법도 몰랐습니다. 지인추천이나 소문 리뷰 등을 찾아보는 게 일상이었습니다. 리뷰를 하나하나 보는 것이 가장 귀찮은 일이라고 했습니다. 네이버 블로그에 마케팅 글은 의심스러워했고 인테리어의 상태나 기기 상태, 상담사의 친절도가 진짜인지 불안해했습니다. 결국 병원만을 모아 보여준다는 단순한 솔루션은 그들의 불편을 하나도 해소해주지 못한다는 것을 스스로 깨닫게 되었습니다. 그제서야 그 팀은 차별화된 가치를 다시 생각하기로 결정했습니다.

이런 일은 컨설팅때 매우 자주 발생하는 일입니다. 팀이 해결하려는 것은 진짜 문제가 아닐 때가 많았습니다. 고객이 경험하는 진짜 여정을 제대로 들여다보았다면 어땠을까? 기존 대안들이 있다해도 여전히 불편한 건 무엇인지 물었다면 어땠을까? 그랬다면 돈과 시간을 아낄 수 있었을지도 모릅니다.

스타트업이 투자자나 평가자에게 들려줄 수 있는 색다른 이야기 중 하나는 검증과정에 대한 이야기입니다. 이 과정은 그 어떤 팀과도 같을 수가 없습니다. 누구를 만났는지, 어떤 질문을 했는지, 그 과정에서 무엇을 보았는지, 무엇을 느꼈는지는 이 모든 것이 오롯이 우리들 만의

이야기가 됩니다. 비록 이번엔 작은 실패를 했고 원하는 값을 얻지 못
했다 할지라도 이 모든 과정은 특별한 스토리가 되어 여러분을 발전시
킬 것입니다.

　　　　　　　　　　　　　스토리의 과학으로 사업계획을 설계하라

누구를 위한 스토리인가?

비즈니스 발표에서 청중 분석은 정말 중요한 작업입니다. 청중을 고려하지 않고 만든 발표 자료는 마치 맛없는 요리를 내는 것과 같습니다. 청중을 고려한다는 것은 그들이 누구인지, 무엇을 원하는지 파악하는 것을 의미합니다. 우리는 그들의 배경, 경험, 기대치를 고려한 맞춤형 스토리와 메시지를 설계해야 합니다. 맞춤형 발표가 되기 위해서는 청중의 관심사를 스토리 내에 반영해야 하며, 그들의 뇌가 편안하게 받아들일 수 있도록 도와야 합니다. 또는 평가의 목적이나 프로젝트의 성격 등을 이해하고 이에 맞는 구조로 스토리를 선보여야 합니다.

청중이 바라는 내용을 위주로 하여 흥미로운 사례와 예시, 분석 자료 등을 활용해 청중의 관심을 끄는 방법도 좋습니다.

또한 발표 중, 청중의 언어를 사용하는 것도 중요한 스킬 중 하나입니다. 청중이 자주 사용하는 언어, 쉽게 이해할 수 있는 용어를 사용하면 기억과 이해가 쉽습니다.

스타트업이 위치한 단계에 따라서도 청중의 요구와 기대는 달라집니다. 그리고 발표의 목적과 사업의 취지에 따라 내용은 수정되어야 합니다. 다음은 스타트업 단계별로 청중이 기대하는 내용을 정리해 본 것입니다.

1. **초기(Seed) 단계**: 아이디어의 혁신성, 사업 현실화 가능성, 초기 시장 진입 전략과 고객 창출 전략 계획

2. **성장(Series A) 단계**: 목표 달성 성과 및 시장 경쟁력 확보 스토리, 제품-시장 적합성(PMF) 관련 전략, 비즈니스 모델의 적절성

3. **성숙(Series B) 단계**: 비즈니스 모델의 지속 가능성 및 성장 가능성, 투자자 관점의 투자 포인트

발표 자료를 준비할 때는 **다음의 3단계를 점검**하는 것이 중요합니다.

1. 무엇을 위한 발표인가?

2. 청중은 무엇을 알기 원하는가?

3. 내 발표는 그들의 질문을 해소시켜줄 수 있는가?

   스토리의 과학으로 사업계획을 설계하라

발표자료(IR Deck)의 스토리 흐름

비즈니스로 설득하는 발표를 해본 사람들이라면 Why-What-How-Why you의 구조를 알고 있을 것입니다.

혹은 대형 벤처캐피탈인 세콰이어 캐피탈(Sequoia Capital)의 사업계획서 항목을 알고 있을 겁니다. 또한 창업지원사업에 지원해본 팀이라면 PSST(Problem-Solution-Scale up-Team) 구조를 사용해 보았을 것입니다.

PSST 방식은 2018년 중소벤처기업부에서 제시한 사업계획서 양식으로 중소벤처기업부 산하 기관들이 지원하는 여러 정부 지원 사업에서 활용되고 있습니다.

PSST 방식은 4차 산업혁명 시대의 도래와 함께 창업가가 문제의식과 해결방안을 직접 모색하는 과정이 중요해지며 탄생했습니다. 이러한 트렌드에 맞춰 창업 기업에 대한 지원 방향도 '성장 의지가 있는 창업자 및 기업을 발굴'하는 데 초점이 맞춰지게 되었습니다. 따라서, 사업자가 고객과 시장에 대해 얼마나 인식하고 있으며, 문제를 해결할 수 있는 역량을 보유했는지가 사업 평가의 기준이 되었고, 이를 반영한 방식이 PSST입니다.

실리콘밸리의 최대 벤처투자기업 세콰이어 캐피탈의 사업계획서 항목 또한 비슷한 맥락을 요구하고 있습니다.

1. 기업의 목적(Company Purpose)
2. 문제(Ploblem)
3. 해결책(Solution)

4. 왜 지금인가?(Why Now)

5. 잠재적인 시장의 규모(Market Potential)

6. 경쟁과 대체재(Competition & Alternatives)

7. 비즈니스 모델(Business Model)

8. 팀(Team)

9. 재무(Financial)

10. 비전(Vision)

[그림 5] 세콰이어 캐피탈의 사업계획서 항목

일반적으로 IR Deck의 전체 스토리라인은 위의 스토리들을 크게 거스르지 않습니다.

물론 이런 틀을 벗어나 새롭게 만드는 경우도 있습니다. 익숙한 것을 바꿔(플롯트위스트) 임팩트를 강화해야 하는 경우입니다. 일반 청중을 더 자극해야 하는 콘테스트라던가 기업의 레퍼런스 포인트로 압도하고 설득을 시도하는 경우, 기업의 색다른 이야기로 초반의 몰입을 강화하는 경우, 기관의 요구사항에 의해 다른 흐름으로 만들어 지는 경우도 있습니다. 산업과 시장, 발표의 특성에 따라 스토리 라인이 일부 달라지기도 합니다.

그러나 여전히 피해야 하는 것은 이해하기 어렵도록 맥락을 여기저기 끊는 전개, 핵심내용이 빠진 부실한 전개입니다. 또한 인과관계를 점검하고 범주화를 명확하게 하며 의식의 흐름에 어긋나지 않는 선에서 해야함을 기억해야 합니다.

   스토리의 과학으로 사업계획을 설계하라

위에 제시된 두 가지 플롯에서는 초반에 청중이 문제상황인 As-is에 공감하고 깊이 있게 이해하는 것을 돕고 있습니다. 그리고 새로운 것이 필요함을 동의하게 합니다. 그리곤 해결책이 비즈니스가 되는 구조를 설명하고 우린 이 구조(모델)을 가지고 어떻게 성장할지 이야기를 진행합니다.

초기창업자의 경우 이 스토리 플롯을 중심으로 발표의 목적이나 투자 컨셉에 따라 수정해서 사용하는 것이 좋습니다. 예를 들면 디테일한 투자포인트를 원하는 것이 예상될 경우 목표투자액이나 투자 후의 액션플랜, 예상시나리오 등을 강화해서 만들어 져야 하는 것입니다.

아래는 제가 기업의 디테일한 정보를 확인하며 만드는 스토리라인입니다. 스토리라인은 프로젝트나 산업, 환경의 성격과 청중의 니즈에 따라 변경해가며 만드는 것입니다. 참고하되 무리한 이야기 짜맞추기는 피해야 할 것입니다.

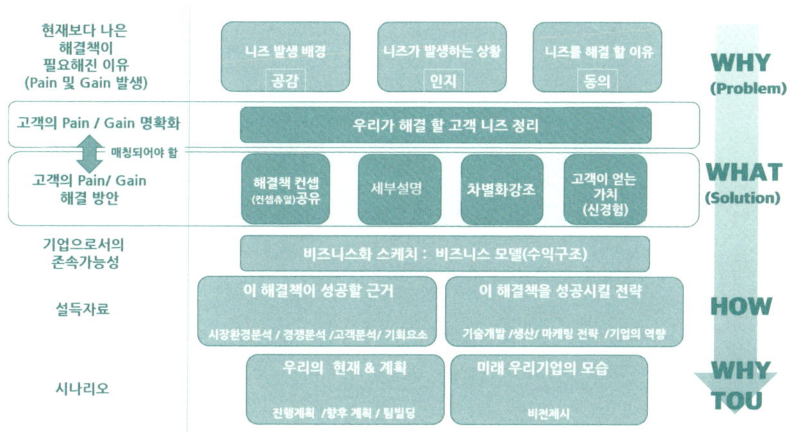

[그림 6] 사업계획 발표 스토리 흐름

이 그림을 기준으로 우리만의 IR Deck 세부 내용을 그려보면 아래와 같이 그려볼 수 있습니다.

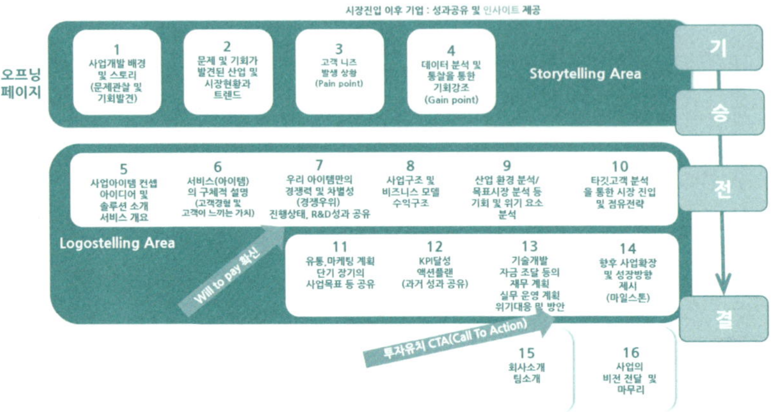

[그림 7] IR Deck 예시

이제 우리는 스토리의 중요성과 효과에 대해 충분히 이해했고 대략적인 스토리라인도 확인했습니다. 스타트업이 성공적인 IR 발표를 위해 반드시 고려해야 할 것은 청중의 마음을 움직이는 스토리입니다. 하지만 우리의 스토리는 단순히 좋은 이야기로 끝나서는 안 됩니다. 그것은 사업의 핵심 메시지를 구조화하고, 데이터와 논리를 담아낸 명확한 자료로 이어져야 합니다. 이와 관련하여 다음장에서는 스토리를 기반으로 실제 IR 발표 자료를 작성하는 툴과 방법에 대해 다루게 될 것입니다.

   스토리의 과학으로 사업계획을 설계하라

2장

Why를 완성하라:
기회포착과 문제정의

문제 속으로 들어가는 3가지 스키마: 공감 · 인지 · 동의

여러분이 만날 대부분의 청중은 비즈니스 전문가입니다. 그들은 산업의 기본 공식을 잘 알고 있지만, 모든 분야를 깊이 이해하긴 어렵습니다. 그렇기 때문에 청중이 집중하는 부분은 여러분이 직접 발견한 '숨은 이야기'들입니다. 그들이 알지 못했던 고객의 진짜 니즈, 자신이 속하지 않은 시장의 생생한 이야기들 말입니다.

저 역시 IR 컨설팅을 할 때마다 팀들에게 이런 질문을 반복합니다.

"왜 그렇죠?"

"그 문제는 누구에게 일어나나요?"

"이 현상을 다르게 볼 수 있는 이유는 없을까요?"

이 질문의 반복은 바로 'Why'를 찾아가는 과정이며, 이것이 스토리의 힘을 결정합니다.

우리가 만나는 청중은 이미 주요 트렌드와 이슈를 알고 있습니다. 그들이 정말 듣고 싶어 하는 건, 여러분이 어떤 관점으로 문제를 바라봤는가, 그리고 그 안에서 어떤 '기회'를 포착했는가입니다.

시장의 이면에서 발견한 구체적 문제와, 그 문제를 해결하려는 이유를 명확히 보여주어야 합니다. 이때 스토리의 도입부가 해야 할 일은 '공감, 인지, 동의'를 만드는 세 가지입니다.

■ 공감: 감정적 연결을 만드는 첫 단계

공감은 청중이 문제를 자신의 이야기처럼 느끼게 만드는 과정입니다.

스토리의 도입부에서 가장 중요한 것은 연상할 수 있는 대상, 즉 '사람'을 등장시키는 것입니다.

청중이 도입부에서 연상해야 할 인물은 우리의 고객입니다.

그들의 일상, 불편, 욕구가 구체적으로 그려져야 합니다.

"우리의 주요 고객은 누구입니까?"라는 질문이 더 이상 나오지 않게 만드는 것이 스토리의 목표입니다.

고객의 성격과 상황을 한 문장으로 요약한 대표 캐릭터를 '페르소나(Persona)'라 부릅니다.

이 페르소나는 단순한 타깃이 아니라, 우리 비즈니스가 해결해야 할 문제를 대표하는 존재입니다. 고객은 여러형태로 존재하기도 합니다.

예를 들어 플랫폼 비즈니스에서는 사용자와 공급자 두 고객군이 존재할 수 있습니다. B2B 사업에서는 키즈노트처럼 앱 이용자(선생님), 의사결정자(원장), 수혜자(학부모)가 모두 다른 경우도 있습니다. B2G 사업이라면 구매부서의 담당자, 예산사용의 의사결정자처럼 비즈니스

　스토리의 과학으로 사업계획을 설계하라

안에 사람이 존재합니다. 우리는 고객의 구조를 명확히 인식하고, 누구의 이야기를 먼저 들려줄지 결정해야 합니다.

도입부에서 공감을 끌어내는 가장 좋은 방법은 Pain Point를 중심으로 고객의 불편을 묘사하는 것입니다.

예를 들어,

"서울에 사는 9세 민수는 친구들과 놀기 전 스마트폰으로 미세먼지 지수를 확인합니다. 오늘도 '매우 나쁨'. 민수는 외출을 포기합니다."

"돌바닥으로 된 유럽의 거리를 여행자 캐리어를 들고 다니는 일은 여간 불편한 일이 아닙니다."

이런 스토리 한 컷은 청중으로 하여금 문제를 감정적으로 받아들이게 합니다.

[그림 8] 짐 공간 공유 플랫폼 'Stasher'
(유럽 주요 도시에 200여 개 짐 보관 서비스를 제공하는 영국 스타트업)

■ 인지: 문제의 구조를 이해하게 만드는 두 번째 단계

공감이 감정적 이해라면, 인지는 논리적 납득의 단계입니다.

이 단계에서는 문제의 구조를 보여줘야 합니다.

청중은 "이게 얼마나 심각한 문제인가"를 이해할 근거를 원합니다.

· 문제의 규모(빈도와 강도)

· 문제의 원인과 결과

· 시장 기회와 적시성

이 세 가지를 구조적으로 제시해야 합니다.

예를 들어,

"국내 주요 도시의 초미세먼지 농도는 WHO 기준의 3배 이상이며, 어린이와 노인의 호흡기 질환이 40% 이상 증가했습니다."

이후 바로 원인과 결과를 연결합니다.

"노후 산업시설과 디젤 차량이 전체 배출의 60%를 차지하며, 이를 방치하면 의료비 증가와 생산성 저하로 연간 5조 원의 손실이 발생합니다."

청중은 감정적 공감에서 출발해 논리적 인식으로 전환되는 순간, '문제의 현실감'을 체험합니다.

청중은 문제의 크기, 원인, 결과를 논리적으로 정리해줘야 신뢰를 느낍니다.

　　　　　　　　스토리의 과학으로 사업계획을 설계하라

■ 동의: 문제의 당위로 이끄는 마지막 단계

청중이 문제의 크기와 구조를 이해했다면, 이제는 '이 문제를 반드시 해결해야 한다'는 단계로 이끌어야 합니다.

노벨 경제학상 수상자 대니얼 카너먼(Daniel Kahneman)의 전망이론(Prospect Theory)은 "사람은 이익보다 손실을 피하려는 동기에 더 강하게 반응한다"고 말합니다. 즉, 인간의 의사결정은 '얻는 것'보다 '잃지 않기 위한 행동'에서 시작됩니다.

따라서 청중이 공감하고 인지한 문제를 '해결하지 않을 경우의 손실'로 전환시켜 주어야 합니다.

"현재의 대기 오염 수준이 유지된다면, 2030년까지 대기 오염으로 인한 조기 사망자는 연간 120만 명을 넘게 됩니다."

그다음, 희망의 메시지로 마무리합니다.

"우리의 기술은 도심 내 미세먼지를 30% 줄이고, 시민의 기대수명을 평균 2년 연장시킬 수 있습니다."

이처럼 동의는 두려움에서 출발해 가능성으로 끝나는 과정으로 표현되면 좋습니다.

문제 제기를 돕는 전개

위 세가지 요소가 순서대로 전개될 필요는 없습니다. 이 구조를 통해 우리가 개입할 수 있는 '기회의 틀'이 명확해지면 되는 것입니다.

"고객은 긴 대기시간(Pain)에 불만을 느끼고, 빠른 처리(Gain)를 원한다.
→ 총 7프로세스가 관찰되었는데 이 중한단계만 줄여도 처리시간이
41%로 단축된다. "

이처럼 Pain과 Gain을 Opportunity Mapping으로 연결하면 비즈니스의 방향성을 단 한 장의 그림으로도 설명할 수 있습니다.

우리는 빠르게 사람을 떠올리게 하여 머리 속 짧은 상을 그리면서 분석을 통해 전개의 깊이를 더해야 합니다. 청중에게 신뢰를 주는 발표자는 늘 배경과 맥락을 명확히 보여주고 전문가 다운 스토리텔링을 해주는 사람입니다. 우리가 준비한 스토리가 허상과 상상이 아닌 진짜 기회인지 확인시켜줘야 합니다.

사실 시장의 복잡한 환경과 배경을 분석해야 하는 이유는 우리가 실패를 피하기 위해서이기도 합니다. 그 안에서 통찰한 이야기는 청중을 몰입시키고 여러분을 믿게 하는 좋은 시작 소재입니다.

조지 로웬스타인(George Loewenstein)의 연구에 따르면, 사람의 호기심은 "예상 가능한데 알려지지 않은 정보" 혹은 "예상을 약간 깨뜨리는 이야기"에서 극대화된다고 합니다. 즉, 청중이 모르는 현실적인 이

　스토리의 과학으로 사업계획을 설계하라

야기, 그들이 예상하지 못한 데이터가 흥미를 자극합니다.

  문제의 환경과 배경을 스토리로 녹이려면

  · 시장의 복잡한 인과관계,

  · 주요 트렌드,

  · 정책 변화,

  그리고 고객의 실제 반응을 직접 분석해야 합니다.

  이런 데이터가 쌓이면 도입부에서는 스토리텔링용 근거로, 전략 부분에서는 치밀한 계획의 증거로 활용할 수 있습니다.

■ 스토리 소재 배열하기

  스토리의 전개를 설계할 때, 준비된 이야기 소재를 배치하고 전달하는 데 사용되는 두 가지 접근법도 있으니 참고하면 좋습니다. 바로 거시적 미시적 정보를 통찰하여 분석자료를 제시하는 방법과 동기로 시작하는 방법입니다.

  ① 분석자료

  · 거시 → 미시 접근법

  산업 트렌드나 정책 변화 → 이러한 변화가 만들어낸 배경 → 그로 인한 고객의 문제 → 그 문제 속 기회 발견

  · 미시 → 거시 접근법

고객(페르소나)이 자주 겪는 문제 → 그 문제의 원인과 배경 → 시장·산업 구조 분석 → 확장 가능한 기회 정의

② 동기중심

· 내재적 동기 — '왜 내가 이 문제를 붙드는가'

내재적 동기는 창업자의 개인적인 경험, 가치관, 혹은 문제에 대한 감정적 연결에서 시작됩니다.

이 동기가 스토리에 담기면 청중은 "이 사람은 진심이구나"라는 신뢰를 느낍니다.

"부모님이 작은 가게를 운영하실 때, 재고 때문에 늘 야근하셨습니다.

이 경험이 저를 데이터 기반 재고 관리 솔루션으로 이끌었습니다."

내재적 동기는 감정적 공감을 만들고, 창업가가 단순히 돈이 아니라 문제를 해결하기 위해 움직이는 사람임을 보여 줍니다.

· 외재적 동기 — '왜 지금 이 시장에서 해야 하는가'

외재적 동기는 시장의 데이터, 트렌드, 정책, 경쟁 상황 등 객관적 근거에서 나옵니다.

"국내 소상공인의 30% 이상이 인력관리 문제로 연간 1조 원의 손실을 보고 있습니다.

인건비가 매년 5%씩 오르는 지금, 인력관리 효율화는 선택이 아니라 생존의 조건입니다."

이는 청중이 "이건 현실적인 기회다"라고 판단하도록 돕습니다.

　스토리의 과학으로 사업계획을 설계하라

문제 정의: 핵심을 짚어 단순하게 전달하라

우리가 공감, 인지, 동의를 목표로 도입부의 이야기를 전달하면, 청중은 스스로 문제를 정리하고 이해하기 쉬워집니다. 하지만 정보가 과도하게 많거나 생소한 내용일 경우, 청중이 문제의 핵심을 파악하기 어려울 수 있습니다. 이때 필요한 것이 명확한 문제 정의입니다. 이는 복잡한 정보를 간결하게 정리하고, 청중의 머릿속에 남을 핵심 메시지를 전달하는 중요한 과정입니다.

■ 문제 정의 작성 시 고려할 점

◆ 시장 전체가 아닌 한정된 문제를 다루기

예를 들어, 넷플릭스는 "여가 시간에 컨텐츠를 쉽게 즐길 수 있는 방법"이라는 문제에 집중했습니다. 산업 전체를 혁신하려고 하지 않았고, 특정 고객 경험의 한 부분에 주목하여 가치를 창출했습니다.

◆ 밸류체인에서 우리의 위치를 파악하기

산업의 밸류체인이나 고객 경험의 과정 중에서 우리가 어떤 문제를 가장 잘 해결할 수 있는지를 명확히 알아야 합니다. 그 과정에서 고객의 Pain Point를 구체적으로 짚어야 합니다.

◆ 핵심 문제를 2~3개로 좁히기

지나치게 많은 문제를 해결한다고 주장하기보다는, 해결할 수 있는 핵심 문제를 2~3개로 압축하고 이를 간결한 키워드로 제시해야 합니다. 핵심에 집중해야 설득력이 생깁니다.

◆ 간결하고 명료한 자료

문제정의를 다루는 한 장은 핵심메시지를 한눈에 키워드 중심으로 정리한 자료여야 합니다.

■ 문제 정의 스토리 작성 예시

◆ 예시

"우리의 목표는 도심 지역에서 노후화된 디젤 차량이 초미세먼지 배출의 40%를 차지하는 문제를 해결하는 것입니다. 이를 위해 차량설치용 배출 저감 기술을 혁신하여 초미세먼지 농도를 30% 줄이고, 시민들의 건강과 삶의 질을 개선하는 데 기여하겠습니다."

 스토리의 과학으로 사업계획을 설계하라

IR Deck	스토리

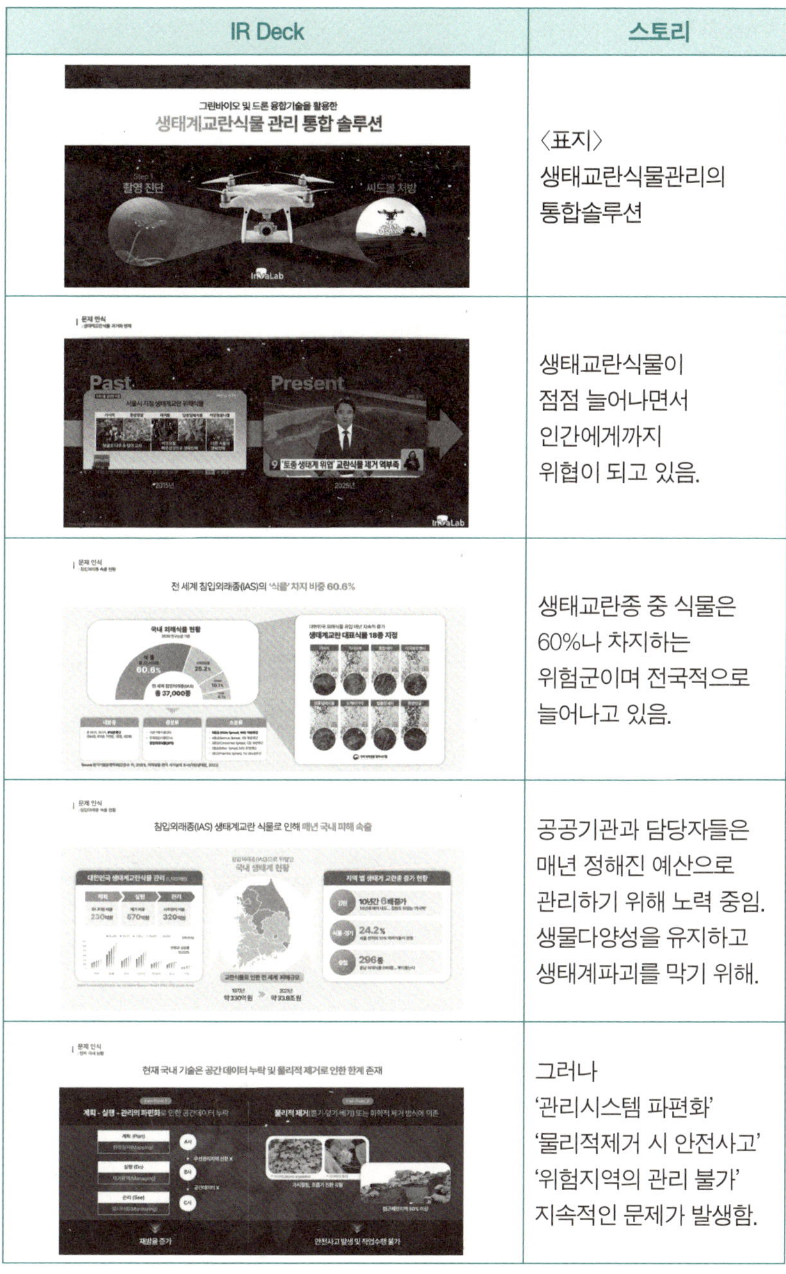

IR Deck	스토리
	〈표지〉 생태교란식물관리의 통합솔루션
	생태교란식물이 점점 늘어나면서 인간에게까지 위협이 되고 있음.
	생태교란종 중 식물은 60%나 차지하는 위험군이며 전국적으로 늘어나고 있음.
	공공기관과 담당자들은 매년 정해진 예산으로 관리하기 위해 노력 중임. 생물다양성을 유지하고 생태계파괴를 막기 위해.
	그러나 '관리시스템 파편화' '물리적제거 시 안전사고' '위험지역의 관리 불가' 지속적인 문제가 발생함.

[그림 9] 생태교란식물관리 솔루션 '인베랩' 도입부 사례

IR Deck	스토리
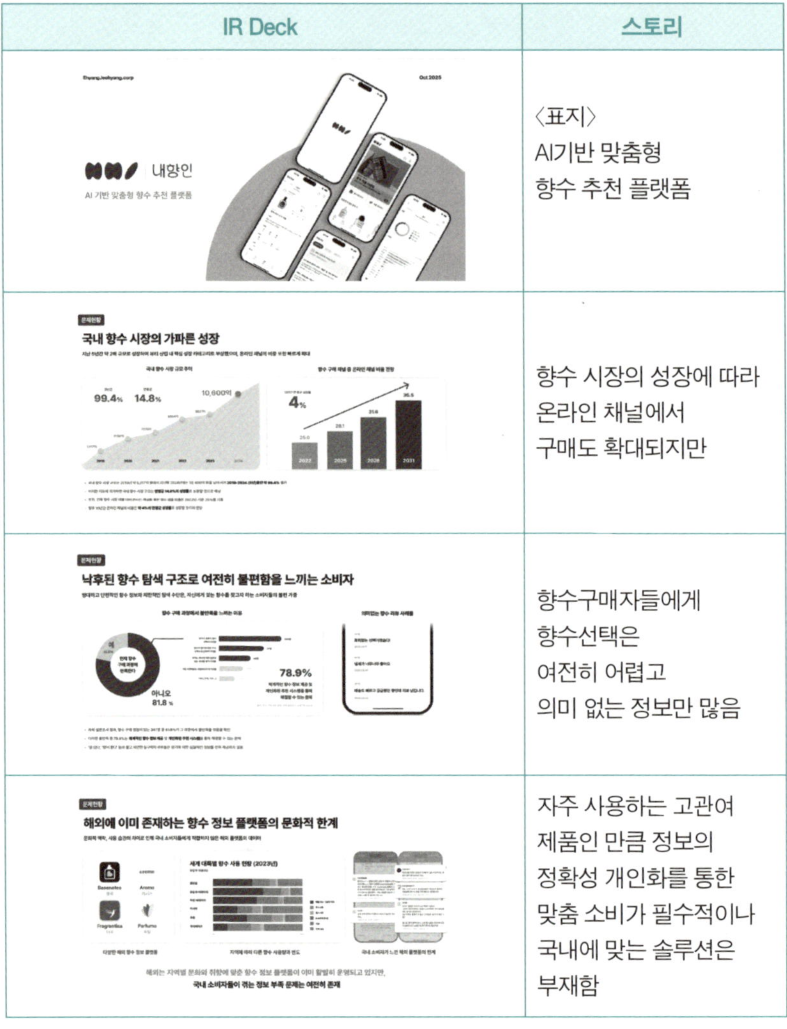	〈표지〉 AI기반 맞춤형 향수 추천 플랫폼
	향수 시장의 성장에 따라 온라인 채널에서 구매도 확대되지만
	향수구매자들에게 향수선택은 여전히 어렵고 의미 없는 정보만 많음
	자주 사용하는 고관여 제품인 만큼 정보의 정확성 개인화를 통한 맞춤 소비가 필수적이나 국내에 맞는 솔루션은 부재함

[그림 10] 향수추천어플 '내향인' 도입부 사례

스토리의 과학으로 사업계획을 설계하라

3장
What을 정확하게 그리기: 솔루션과 가치제안

컨셉을 전달하고 디테일이 돕게 하라

제가 만난 스타트업의 상당수는 '프로덕트(제품이나 서비스)를 어떻게 설명해야 하는가'에 대한 고민을 안고 있었습니다. 팀의 내부에서는 잘 알고 있는 제품이지만, 막상 외부 청중에게 설명하려고 하면 기능 중심의 복잡한 나열에 머무르기 일쑤였습니다.

그 결과 청중은 핵심 메시지를 파악하지 못하거나, 중요한 포인트를 놓치곤 합니다. 핵심은 간결함 속에서 본질을 전달하는 힘입니다.

그러나 단순한 기능 설명에 머물러서는 안됩니다.

설명은 곧 설득이어야 하고, 그 설득은 '이 제품이 고객의 문제를 어떻게 해결하는가'를 명확히 보여줄 때 완성됩니다.

이번 장에서는 솔루션의 핵심가치를 구조화하고, 고객의 관점에서 가치를 체감하게 만드는 설명의 방법을 다루고자 합니다.

■ 핵심 컨셉(핵심가치 및 역할) 전달 페이지

프로덕트를 설명할 때, 핵심가치를 한 장의 화면으로 요약할 수 있어야 합니다.

이 문장은 IR Deck 또는 제안서의 첫 페이지에서 '우리가 하는 일의 본질'을 가장 단순한 언어로 보여주는 장치가 됩니다.

예를 들어, "오늘의집"을 소개하는 첫 문장은 이렇게 표현할 수 있습니다.

"인테리어 콘텐츠 공유 커뮤니티&커머스 플랫폼."

단 한 문장으로 '플랫폼이 누구를 위해 존재하며 어떤 기능을 수행하는지'를 인식하게 만드는 것입니다.

이 페이지가 없으면 청중은 '이 팀이 정확히 무슨 일을 하는가?'라는 질문에서 출발하게 되고, 그 이후 설명의 흐름이 흔들리기 시작합니다.

따라서 솔루션 첫 페이지는 다음 두 가지 기능을 수행해야 합니다.

▶ **핵심 역할을 명확히 전달한다.**
▶ **청중이 한눈에 '무엇을 하는 팀인가'를 직관적으로 이해하게 한다.**

제품이나 서비스의 형태, 사용환경 등을 직관적으로 보여주는 이미지를 적극적으로 활용하는 것도 좋습니다.

외형이 없는 SaaS(클라우드 기반의 소프트웨어 제공 모델)라 할지라도, 비즈니스 모델 다이어그램이나 실제 사용 화면, 고객의 인터랙션을 표현한 이미지 등을 통해 '이 솔루션이 현실 속에서 어떻게 작동하는가'

 스토리의 과학으로 사업계획을 설계하라

를 시각화해야 합니다.

이 페이지는 단순한 소개가 아니라, 우리에 대한 이야기 시작이자 가치제안(Value Proposition)의 문을 여는 장면이 되어야 합니다.

■ 가치제안 첫 페이지 디자인 예시

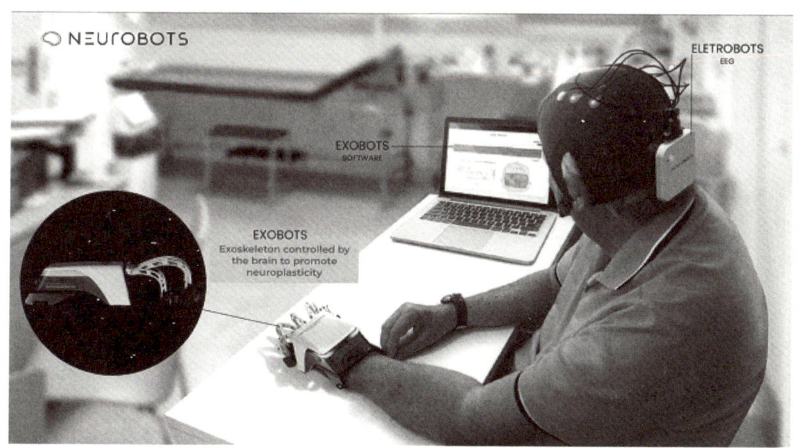

[그림 11] '인베랩' 가치제안 컨셉제시 사례

[그림 12] '뉴로보츠' 컨셉 제시 예시

손 재활치료기 '엑소봇'과 뇌 성능 향상 솔루션 '뉴로디스플레이'를 출시하는 뉴로보츠

[그림 13] '내향인' 컨셉 제시 사례

■ 문제와 해결책의 매칭(세부 가치제안)

도입부에서 청중이 고객의 문제를 충분히 이해했다면, 이제 솔루션이 문제를 어떻게 해결하는지를 구체적으로 보여줘야 합니다. 중요한 것은 도입부에서 제기한 문제들이 모두 해결되는 것입니다. 즉, 문제와 해결법이 매칭되어 고객이 진짜 지금 보다 더 나은 상태가 될 것이라는 확신을 줘야 합니다.

청중의 이해를 돕는 설명 배치방법은 다음과 같습니다.

◆ 솔루션 세부설명 구조화 방법

Case 1: 핵심기능에 따라 순서를 정해 배열하는 방법(문제정의와 매칭되도록 소개)

Case 2: 비슷한 문제를 묶어 서비스(제품군)를 소개하기(다양한 분야에 활용 가능)

Case 3: 대상 고객군을 나눠 서비스 및 제품을 소개하기(고객군이 여

　　　　　　　스토리의 과학으로 사업계획을 설계하라

럿인 플랫폼 등에 활용가능)

Case 4: 고객경험 순서대로 설명하며 프로덕트 사용성을 설명하기
(청중의 이해가 어려운 전문분야 및 서비스 방법이 혁신적인 경우)

▶ Case 1: 기능의 중요도에 따라 해결책순서를 정해 배열하는 방법
　　(문제정의순서와 매칭되도록)

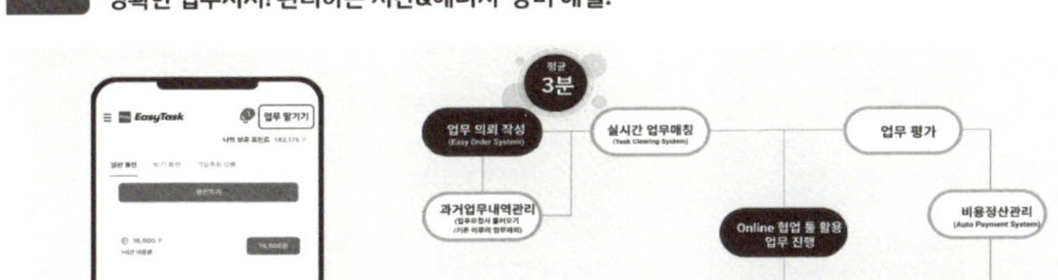

편리한 업무시지로 시간 및 에너지 낭비 해결

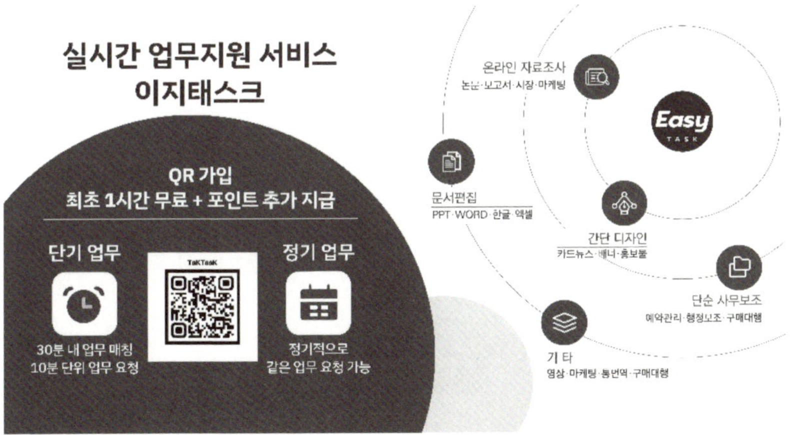

단기, 장기 업무 맡기기 기능 소개

[그림 14] 실시간 사무 보조 매칭 서비스 '이지태스크' 세부가치제안 제시 페이지 예시

▶ Case 2: 비슷한 문제를 묶어 서비스(제품군)를 소개하기(다양한 분야에 활용 가능)

제품정보 및 구매서비스 연결 문제: 갤러리 및 검색 구매 사이트

시공 및 신뢰 문제: 전문가 매칭 서비스
[그림 15] '오늘의집' 세부가치제안 제시 페이지 예시

스토리의 과학으로 사업계획을 설계하라

쉬운 시술예약을 원하는 고객을 위한 솔루션

일정 및 고객관리를 원하는 업주를 위한 솔루션

[그림 16] '콜라보살롱' 세부가치제안 제시 페이지 예시

▶ Case 4: 고객경험 순서대로 설명하며 프로덕트 사용성을 설명하기

(청중의 이해가 어려운 전문분야 및 서비스 방법이 혁신적인 경우)

텍스트마이닝 기술로 문자 및 전화주문을 처리해주는 솔루션
[그림 17] '어레인지' 세부가치제안 제시 페이지 예시

 스토리의 과학으로 사업계획을 설계하라

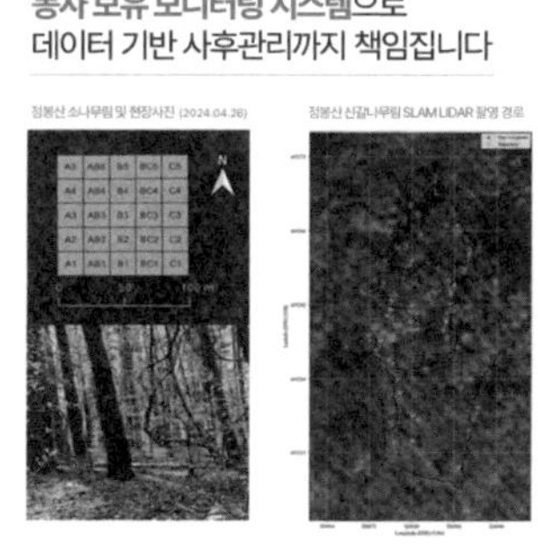

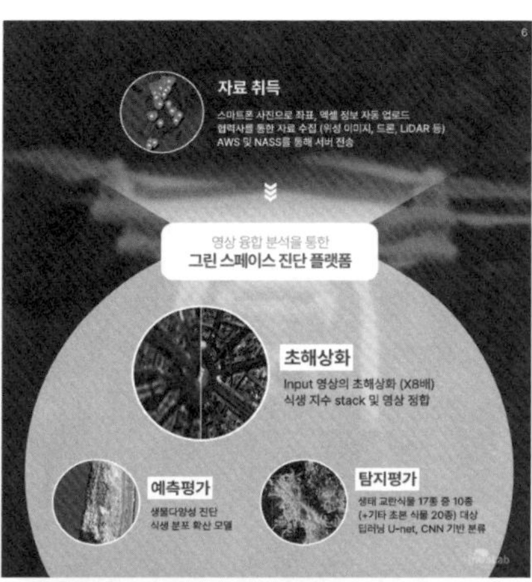

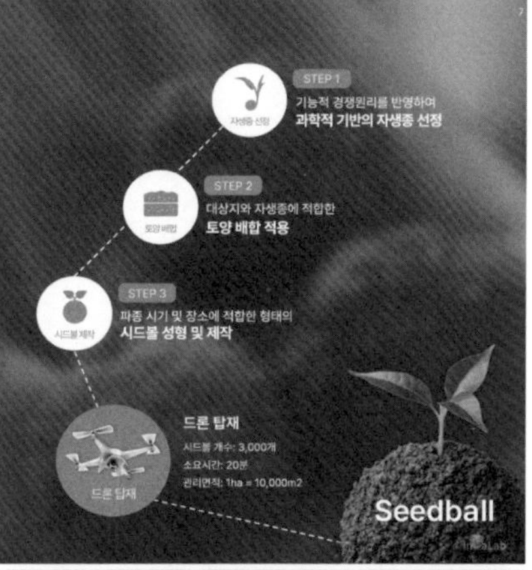

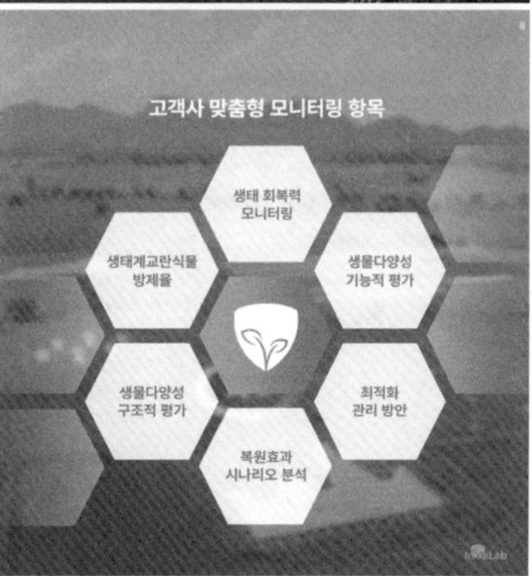

[그림 18] '인베랩' 세부가치제안 페이지

여러 채널에 산재되어 있는
향수 구매 필수 정보 수집 및 제공

< 경쟁사 대비 8배 이상의 DB 구축 >

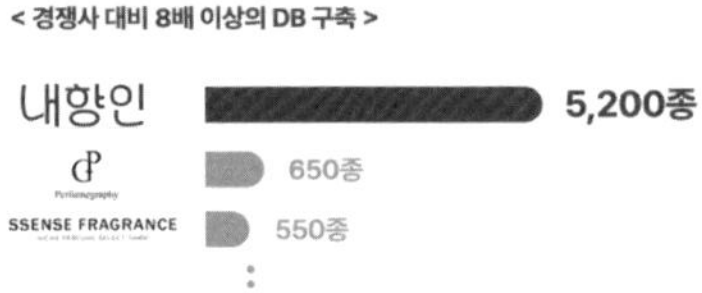

향수에 최적화된 리뷰 양식을 통해
실제 사용자의 경험에서 얻는 정보 극대화

'8가지의 세부적인 향기 만족도 평가'

확산력	지속력	무게감	시향기
계절감	분위기	어코드	성별

각 항목별로 자유롭게 각 사용자들이 향수에 대한 리뷰를 남길 수 있습니다.

'시향기 작성 페이지'

실효성 있는 리뷰와 데이터 분석을 바탕으로
더욱 편리한 향수 정보 탐색

스토리의 과학으로 사업계획을 설계하라

**축적된 리뷰와 사용자 생성 데이터를
활용하여 맞춤형 향수 추천 기능 구현**

[그림 19] '내향인' 세부가치제안 페이지

■ 가치제안

고객은 제품 자체를 구매하는 것이 아니라, 제품이 그들에게 해주는 것을 구매합니다. 따라서 우리의 설명은 제품의 기능에만 초점을 맞춰서는 안됩니다. 고객이 누리게 될 역할과 결과를 중심으로 설명할 때 비로소 어떤 가치가 전달되는 것인지 알 수 있게 됩니다.

가치제안이란 우리가 가진 기능이나 장점을 강조하는 것에 그치지 않습니다. 고객에게 주는 진짜 가치가 무엇인지 알려주는 것을 의미합니다.

고객입장에서 물건을 사거나 서비스를 이용하는 이유는 주로 기능적인 도움 / 사회적인 감정 / 정서적인 만족 등으로 나눌 수 있습니다.

▶ 클라우드 서비스에 돈을 지불 - 더 이상 저장매체를 소지하지 않아도 됨 - 기능적 도움

▶ 샤넬가방을 구매 - 경제력을 갖춘 사람으로 보일 수 있음 - 사회적 욕구만족

▶ 템플스테이에 참여 - 심신의 피로를 풀고 해소된 상태를 체험하고 자 함 - 정서적 만족

Bain & Company에서 제시한 30가지 고객가치요소 피라미드를 참고하여 고객관점의 가치는 무엇인지 확인해 보는 방법도 활용할 수 있습니다.

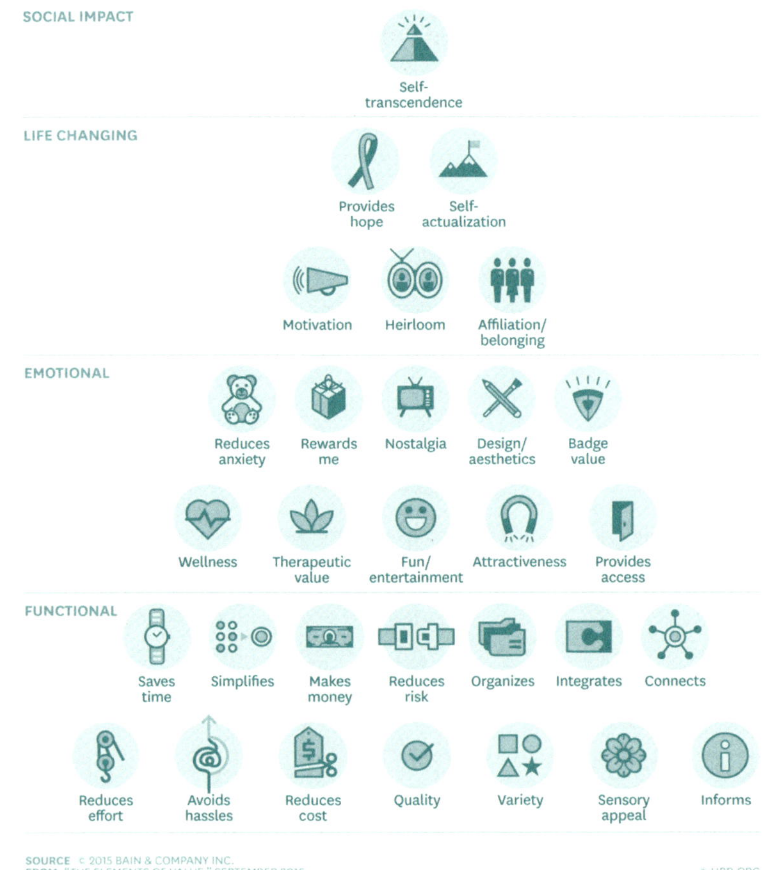

[그림 20] 'Bain & Company' elements-of-value

   스토리의 과학으로 사업계획을 설계하라

▶ B2C가치피라미드

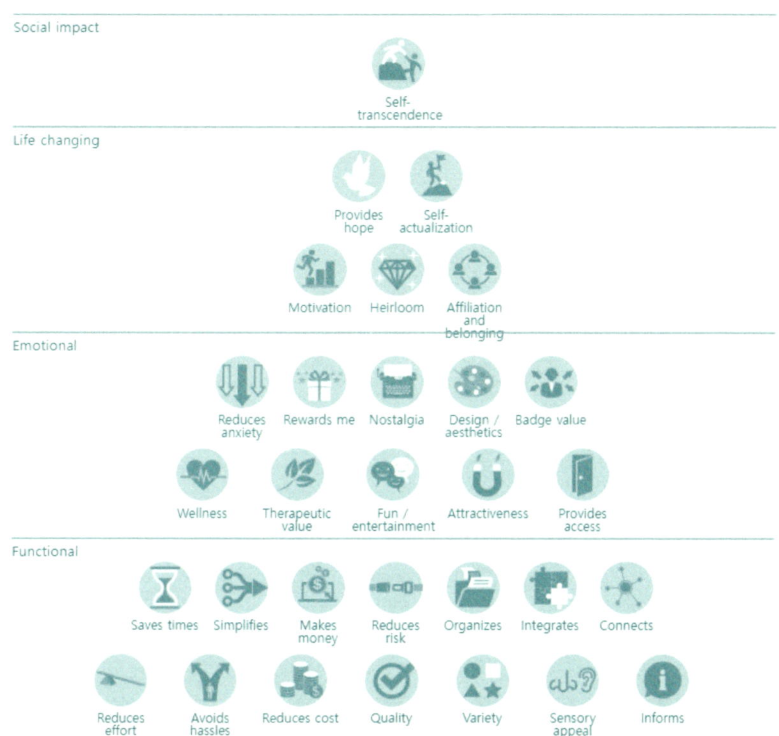

[그림 21] 'Bain & Company' elements-of-value B2C

▶ B2B가치피라미드

[그림 22] 'Bain & Company' elements-of-value B2B

이 피라미드는 매슬로우의 욕구단계이론을 응용하여 디자인된 모델입니다. 매슬로우의 욕구단계이론과 같이 상위로 갈수록 파급효과가 커진다고 말하고 있습니다.

그렇지만 어떤 것이 더 강한 가치임을 구분하는 것보다 우리가 제공하는 솔루션이 고객의 어떤 부분을 해소해 주는지 이해할 수 있음에 더 큰 의미를 두는 것이 좋습니다.

   스토리의 과학으로 사업계획을 설계하라

[그림 23] 고객에게 전달하는 메시지 유형

이를 쉽게 설명하기 위해서는 제가 소개한 간단한 표를 다시 한번 활용해도 좋습니다.

처음에는 멋진 말로 작성하지 않아도 됩니다. 고객입장에서 정말 무엇이 좋은지를 생각하는 데 집중해야 합니다.

<작성 예시>

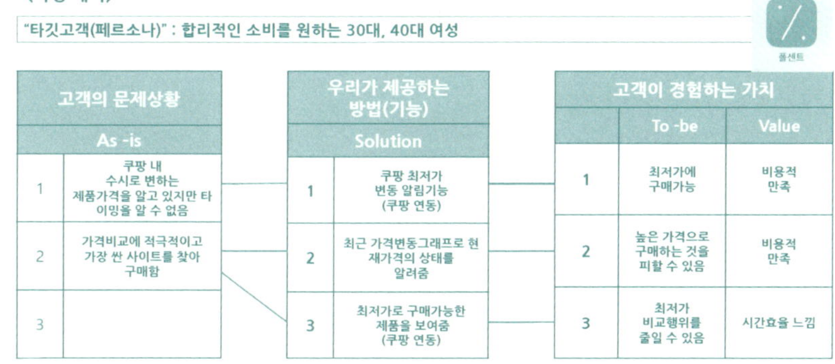

"타깃고객(페르소나)" : 합리적인 소비를 원하는 30대, 40대 여성

폴센트

고객의 문제상황		우리가 제공하는 방법(기능)		고객이 경험하는 가치		
	As -is		Solution		To -be	Value
1	쿠팡 내 수시로 변하는 제품가격을 알고 있지만 타이밍을 알 수 없음	1	쿠팡 최저가 변동 알림기능 (쿠팡 연동)	1	최저가에 구매가능	비용적 만족
2	가격비교에 적극적이고 가장 싼 사이트를 찾아 구매함	2	최근 가격변동그래프로 현재가격의 상태를 알려줌	2	높은 가격으로 구매하는 것을 피할 수 있음	비용적 만족
3		3	최저가로 구매가능한 제품을 보여줌 (쿠팡 연동)	3	최저가 비교행위를 줄일 수 있음	시간효율 느낌

[그림 24] '폴센트'의 가치제안 Align

위에서 보여드린 가치제안 스케치는 2023년 투자 없이 일일 방문자 3만 명을 달성한 폴센트의 가치제안 스케치 예시입니다. 이 기업이 성장할 수 있는 이유는 고객군의 Pain이 명확했다는 점(확실하고 잦은 행동 패턴을 보이는 점)과 실제로 서비스가 고객의 강한Gain(돈을 아껴주는 것)을 달성하는 데 도움이 되었다(혹은 그런 느낌을 들게 했다)는 것입니다.

고객관점의 가치제안 스토리텔링이란 우리가 알림 기능을 얼마나 정확하게 하는지 기술을 자랑하는 것이 아닙니다. 우리가 만든 솔루션이 고객을 최저가시점에 살수 있게 도와준다는 사실을 말해 주는 것입니다.

　스토리의 과학으로 사업계획을 설계하라

차별화된 해결책의 스토리화

솔루션을 모두 설명하더라도 고객획득에 진짜 성공할 것인지는 의문 투성이입니다. 저 역시 평가자로 참여하면 팀만의 확실한 경쟁우위를 다시 설명해 달라고 질문하는 경우가 있습니다. 이는 곧 그 솔루션이 선택될 이유가 부족하게 들렸다는 의미입니다.

차별화 포인트란 우리의 역할이 기존의 대안들보다 얼마나 더 좋은지를 강조하는 것입니다. 고객들은 언제든지 더 효율적이고 매력적인 선택지가 생긴다면 옮겨 갈 수 있습니다. 고객은 우리가 제시하는 UPS(unique sell point)를 만났을 때 기존의 대안에 대해 재평가하게 될지도 모릅니다.

차별화 포인트는 다음의 다섯 가지 정도를 질문하며 해당되는 것을 강조합니다.

- 얼마나 더 새로운가?
- 얼마나 더 도움이 되는가?
- 얼마나 더 매력적인가?
- 얼마나 더 효율적인가?
- 얼마나 더 희소한가?

제품이나 솔루션의 가치는 기본적으로 비교상대를 기준으로 정해집니다. 그래서 경쟁상대와의 주요 기능, 가치제안 방법 비교, 각 기능별 데이터를 이용하여 비교분석표로 보여주는 경우가 많습니다. 또한 포지서닝 맵을 이용해 경쟁우위를 표시하는 방법도 있습니다. 포지셔닝 맵은 각축을 기준으로 가치제안의 우선순위를 파악하기 쉬운 장점이 있습니다.

경쟁우위를 잘 전달하려면 경쟁대상 선정도 중요합니다. 경쟁대상 선정의 기준은 두 가지입니다.

하나는 내가 대체할 대안(그동안 없었던 혁신제품인 경우) 또 하나는 동일시장의 비슷한 솔루션 기업과 비교분석 하는 것입니다.

예를 들면 휴대폰 케이스가 지갑을 대체한 경우가 전자에 해당하고 숨고나 크몽, 이지테스크 등은 동일 시장(프리랜서 시장)에서 각자 다른 매력으로 비교될 수 있는 사례라고 할 수 있습니다.

	자사	A사	B사
이분시스템	AI자동컷팅기 +모바일	자동화컷팅기 +Web	자동화컷팅기
데이터 전송속도	10Mbps	2Mbps	현장작업자 기록의존
작업량	30T	18T	35T
가변형레일	모듈형제공	일부조정	직선형
데이터관리 기계관리	2명	4명	4~6명
제품타입	터보식 1100/900 RPM	터보식 1150/1000 RPM	터보식 1400/1200 RPM
최소 필요공간	5000*3900* 4000	5700*3950* 6000	6020*4020* 4000
월사용료	$599	$699	$500

	자사	A사	B사
운영방식	AI자동컷팅+ 모바일+Web	자동화컷팅기 +Web	자동화컷팅기 현장수기기록
실시간 데이터 모니터링	0	X	X
작업량	30T	18T	35T
레일설치	형태무관	직선형 가변형 2종류	직선형 only
필요인력	1명	4명	4~6명
월사용료	$599	$699	$500

[그림 25] 경쟁분석 표 예시

위 표에서 보듯 많은 팀이 한눈에 보기 힘든 제품사양 등을 모두 담아 눈을 피로하게 할 때가 있습니다. 이를 간결하게 손보고 청중이 주의

 스토리의 과학으로 사업계획을 설계하라

깊게 봐야 하는 구간을 강조해주는 것도 도움이 됩니다.

솔루션을 설명하다 보면 차별화 포인트가 기술적 경쟁우위인 경우도 많이 있습니다. 이런 경우 연구개발 결과가 우리만의 지식재산권임을 스토리에 추가할 수 있습니다. 왜냐하면 특허 등 기술경쟁우위는 시장에서 타 경쟁업체의 진입이 어렵게 만들어 주는 희소가치가 있기 때문입니다.

바이오 기업이나 딥테크 기업은 기술을 자세히 설명하고 싶어 합니다. 그러나 대부분 시간을 많이 할애하지 않도록 한, 두 장 이내로 조정됩니다. 그리고 그 기술이 얼마나 경쟁력이 되는지 스크립트(대사)로 소화합니다. 왜냐하면 기술은 프로덕트 기능을 현실화해 주는 역할일 뿐 고객의 선택 이유는 아니기 때문입니다. 여러분의 청중에겐 기술이 얼마나 멋진지보다 결과적으로 시장을 점유할 수 있는지가 더 궁금한 내용입니다. 기술의 어려움 정도를 자랑하기보다 고객을 얼마나 편하게 해 주는지 설명하는 것이 더 의미 있다고 볼 수 있습니다.

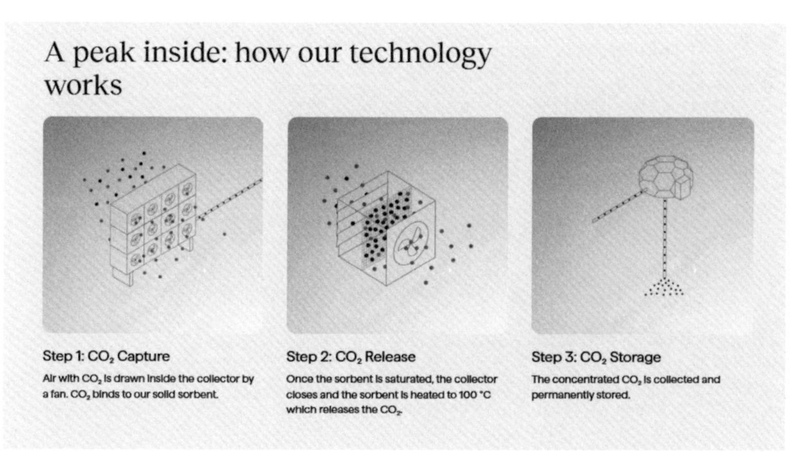

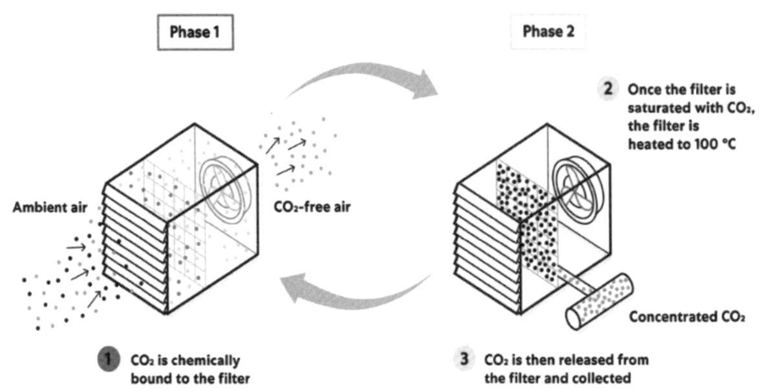

[그림 26] 기술강조 장표 예시 - 클라임웍스의 탄소 제거 공정

* 기술 자료를 보여 주면 이 기술이 시장과 고객에게
어떤 혁신을 완성하는지 설명이 따라와야 함.

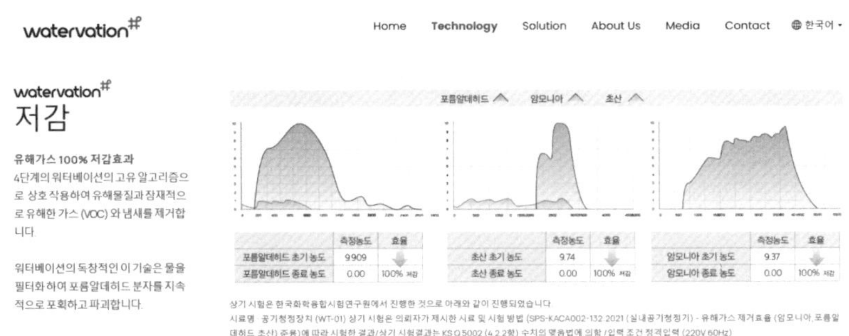

	측정농도	효율
포름알데히드 초기 농도	9.909	
포름알데히드 종료 농도	0.00	100% 저감

	측정농도	효율
초산 초기 농도	9.74	
초산 종료 농도	0.00	100% 저감

	측정농도	효율
암모니아 초기 농도	9.37	
암모니아 종료 농도	0.00	100% 저감

상기 시험은 한국화학융합시험연구원에서 진행한 것으로 아래와 같이 진행되었습니다

시료명 - 공기청정장치 (WT-01) 상기 시험은 의뢰자가 제시한 시료 및 시험 방법 (SPS-KACA002-132 2021 (실내공기청정기) - 유해가스 제거효율 (암모니아,포름알데히드,초산) 준용)에 따라 시험한 결과/상기 시험결과는 KS Q 5002 (4.2.2항) 수치의 맺음법에 의함 /입력 조건 정격입력 (220V 60Hz)

[그림 27] 기술강조 장표 예시 - 워터베이션 홈페이지 내 기술설명의 일부

* 기술검증데이터를 보여 주면서 실제고객에게 어떤 가치가 생기는지 설명해야 함.

스토리의 과학으로 사업계획을 설계하라

컬리가 특별한 **3가지 이유**

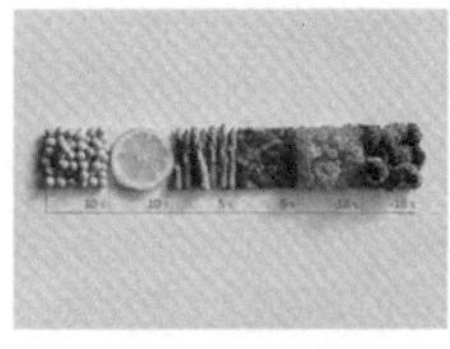

[그림 28] 차별화 장표 예시 - 마켓컬리

자연환경 생태복원 과학적 근거 기반의 핵심 기술을 더하는

인베랩 생태계 교란 식물 방제 **'A-Z'** 통합 솔루션

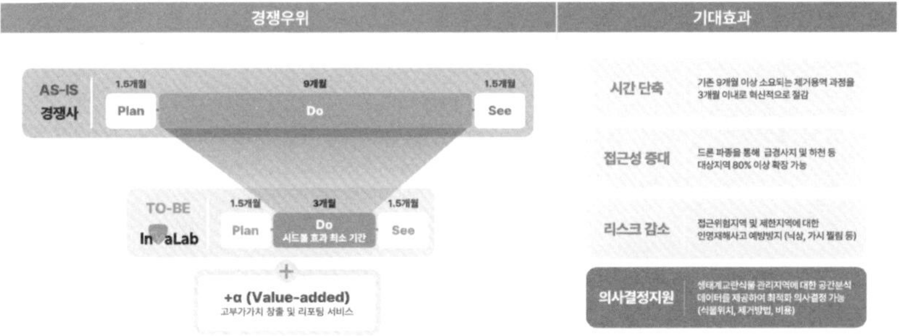

[그림 29] 차별화 장표 예시 - 인베랩

■ 고객의 신경험 제시

우리의 솔루션은 고객을 더 나은 상태로 변화시키기 위해 존재합니다. 고객이 솔루션을 만나기 전과 후의 경험을 비교해 보여주면, 우리의 가치를 더욱 직관적으로 전달할 수 있습니다.

As-is 와 To-be를 한눈에 보여주도록 하기도 하고 고객이 생활속에서 어떤 새 경험을 하는지 직관적으로 보이는 디자인을 요청하기도 합니다. 때로는 완전히 새로워지는 고객경험Flow를 설명하도록 요청하기도 합니다.

이러한 페이지 혹은 스토리 전개는 우리가 제안하는 가치가 어떤 것인지 이해를 돕는 것이 목표라는 것을 기억해야 합니다. 아무리 좋은 이야기라도 전체구성의 스토리 비율을 확인하고 점검하며 설계해야 합니다. 솔루션 설명에서 충분히 소개되진 않았는지 확인하며 이야기를 추가할지 정하도록 해야 합니다.

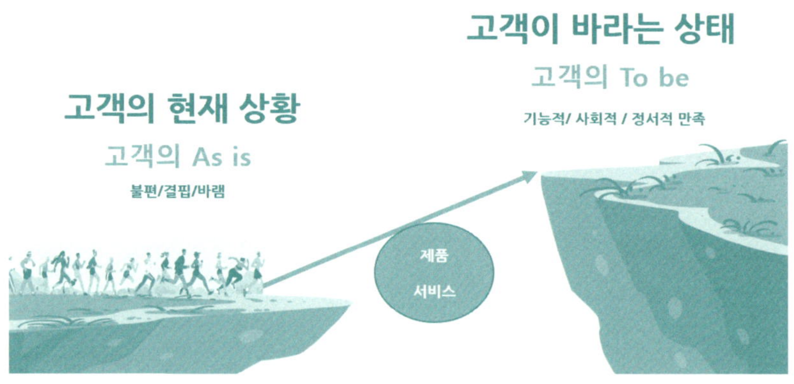

[그림 30] 고객의 신경험

 스토리의 과학으로 사업계획을 설계하라

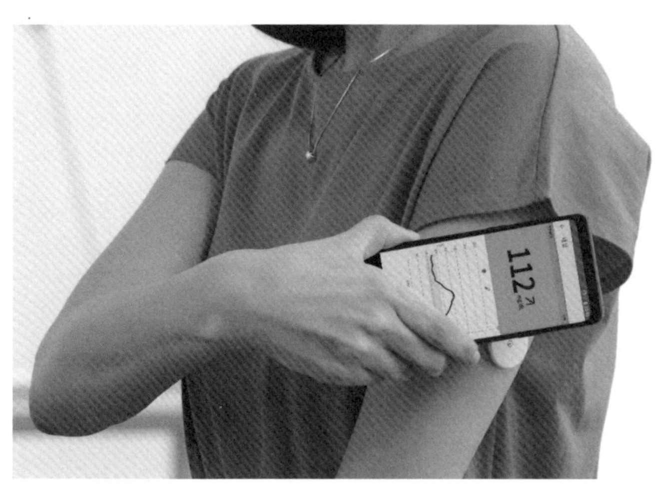

[그림 31] 고객의 신경험을 직관적으로 보여주는 자료

출처 - 연속혈당측정기: 프리스타일 리브레

[그림 32] '내향인' 고객의 신경험을 UI/UX로 강조하는 사례

비즈니스 모델이란

우리가 고객과 시장에 새로운 경험을 제안했다면 그 가치는 수익으로 증명되어야 합니다. 투자자 또한 중점적으로 살필 것이 비즈니스 모델의 구조입니다.

지금은 사회가 복잡해지며 다양한 분야의 새로운 비즈니스가 탄생했습니다. 기존의 수익공식을 깬 새로운 거래형태도 만들었습니다. 기업은 과거의 무기를 변화시켜 고객의 입맛에 맞는 모습으로 혁신해야 했습니다. 그리고 이 혁신은 기업에겐 숙명 같은 작업입니다.

IR자료 내 비즈니스 모델은 기업의 핵심활동이나 수익원, 비용구조 등을 보여주는 수식도로 만들어집니다.

하지만 우리가 보여줄 비즈니스 모델은 단순한 프레임워크의 결과물이 아닙니다. 평가자는 팀의 비즈니스 모델이 수익구조/ 지속성 / 확장 가능성을 모두 담고 있는지 확인합니다.

비즈니스모델로서 전달할 수 있는 내용은 다음과 같습니다.

· 비즈니스 관련 구조 이해
· 수익구조
· 비즈니스 확장 가능성

 스토리의 과학으로 사업계획을 설계하라

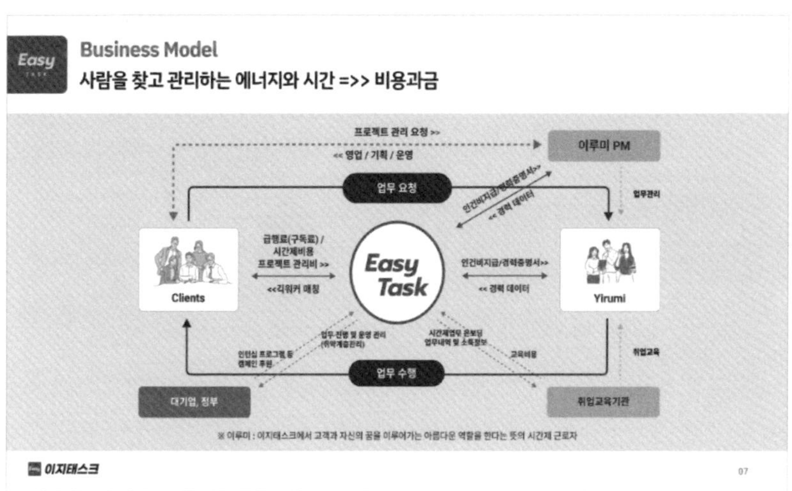

[그림 33] '이지테스크' 비즈니스 구조를 설명하는 사례

사업 별 발생비용	기존	인베랩
방제 비용	1500 ~ 2000만원/ha	1000 ~ 1500만원/ha
생태모니터링 비용	700 ~ 1500만원/ha	500 ~ 1300만원/ha

[그림 34] '인베랩' 과금 방식 및 수익구조확대를 설명하는 사례

내향인만이 보유한 데이터·기술 기반의 차별화된 수익화 전략

서비스 내 사용자 생성 데이터와 독자적 추천 알고리즘을 활용한 정밀 타겟팅 광고, 이커머스로 초기 수익화 모델 창출

정밀 타겟팅 광고 솔루션

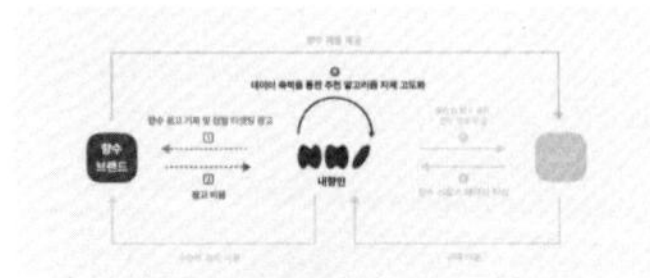

앱 내 디스플레이 광고 및 인스타그램 통합 패키지

- 배너, 추천 섹션 등 앱 내 다양한 노출 영역과 인스타그램 채널을 활용한 브랜드 맞춤형 광고 패키지를 제공
- 실제로 인스타그램을 통해 **디올, 바이레도, 딥티크 등 다양한 브랜드와 유기 협업을 진행**해왔으며, 이를 통해 **1천만 원 이상의 매출을 발생**시킴. 이러한 성과는 **광고 수요와 브랜드 협업 가능성이 충분히 검증**되었음을 보여주는 근거

사용자 데이터 기반 맞춤형 타겟팅 광고

- 앱 내 사용자 데이터를 활용해 구매 가능성이 높은 타겟층에 집중 노출함으로써 광고 효율을 극대화
- 향후 향조별 반응 데이터 등과 결합해 브랜드 매출과 직접 연결되는 퍼널 광고 솔루션으로 발전 가능한 모델

추천 알고리즘 기반 이커머스 솔루션

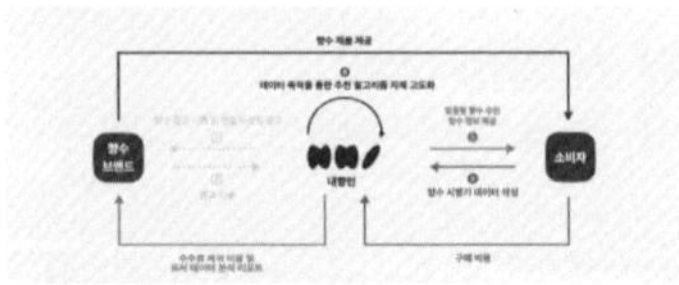

이커머스 매출의 9-10%를 실수수료로 수취

- 타 플랫폼 대비 브랜드 입점 장벽을 낮추고 플랫폼의 가격 경쟁력을 유지하면서, 지속 가능한 수익 모델을 구축할 수 있는 수수료 비율이 9-10%라고 판단.
- **플랫폼 내 유저 행동 및 리뷰 데이터를 활용해 마케팅·운영 효율을 극대화**하여 실수수료 외 추가 비용을 최소화 하고 브랜드와 서비스가 모두 장기적으로 성장할 수 있는 구조 지향

구매한 향수에 대한 소비자의 시향기는 추천 알고리즘을 자체 고도화

- 구매한 향수에 대한 소비자의 **시향기를 축적해 추천 알고리즘을 자체적으로 고도화**. 이를 통해 개인화 정확도를 높이고, 플랫폼의 경쟁력과 재구매율을 강화

[그림 35] '내향인' 두 가지 비즈니스 구조를 설명하는 사례

비즈니스 모델과 스케일업

"누구나 그럴싸한 계획을 가지고 있다. 한 대 맞기 전까지는"
(Everybody has a plan until they get punched in the mouth)
- 마이크 타이슨

창업 후 투자유치에 실패했거나 PMF를 못 찾은 기업은 '죽음의 계곡 (Death Valley)'에서 견뎌내지 못합니다. 끔찍하지만 이것이 현실입니다. 겨우겨우 시장진입에 성공해도 경쟁은 어느새 우리를 조여옵니다. 성장은 멈추고 혁신은 먼 이야기입니다. 이른바 '다윈의 바다(Darwinian Sea)'에서 머물다 소리소문 없이 사라지는 것도 남 일은 아닙니다.

전문가들은 기업이 진짜 할 일은 계속 성장하는 것이라고 합니다. 단순히 일단 시작해보는 창업 보다 '스케일업(scale-up)'의 중요성을 말하는 것입니다.

'하버드 창업가 바이블'의 다니엘 아이젠버그 교수는 "스타트업만 지나치게 강조하는 것은 '나쁜 정책'"이라며 스케일업의 중요성을 강조합니다. 놀라운 아이디어만으로는 한계가 있다고 보는 것입니다.

이미 글로벌 스타트업 씬에선 생태계 활성화를 위해 스케일업을 지원하는 정책이 중요해지고 있습니다. 무조건 창업식의 지원이 많았던 한국도 이 변화를 거부할 수 없었습니다. 성장 가능성이 있는 기업에 지원해야 생태계도 활성화되고 기업의 생존 가능성도 높아지기 때문일 것입니다. 앞으로도 이런 옥석가리기 트렌드는 계속될 것으로 보입니다.

스타트업은 이제 가설을 검증하는 것을 목표로 하는 동시에 스케일업이라는 성공방적식을 풀어야 하는 어려운 상황에 처해 있다고 볼 수 있습니다. 유연하게 시작해서 빠르게 검증하고 무섭게 성장하는 스토리를 기다리는 청중을 만족시켜야 합니다.

어떻게 해도 불확실성을 안고 있는 창업씬에선 '일단 시작해!'는 틀린 말이 아닙니다. 다만 요즘 같은 분위기에선 '작게 시작해!' 소리를 더 하게 되는 듯합니다.

스케일 업이란 스타트업이 성장하여 더 큰 규모가 되는 것을 말합니다. 초기 시장 검증(PMF)을 마치고, 수익성과 규모를 확대하는 단계를 의미합니다. 이 과정에서 기업은 기존 고객층을 더욱 넓히고, 새로운 시장이나 연관 비즈니스 모델로 확장하여 안정적인 성장을 도모합니다. 시장은 변화하며 경쟁자는 늘기 때문에 스케일업을 위한 전략적 준비가 필요합니다.

▶ 스케일업 실패 요인:
시장 변화에 대한 미흡한 대응
불확실한 비즈니스 모델
자금 부족 및 비효율적 운영

■ 스케일업은 방향성

스케일업의 대략적으로 세 가지 방향을 제시할 수 있습니다. 첫 번째는 시장내 점유규모를 확대하는 것입니다. 기업이 목표로 하는 북극성

　　　　스토리의 과학으로 사업계획을 설계하라

지표가 달성되고 공헌 이익 증가를 기대할 수 있다면 성장을 기대할 수 있습니다.

2012년 창립한 무신사는 2017년 677억, 2024년 7천억이상의 매출을 달성하며 매년 성장했습니다. 성장세와 함께 누적투자금액 또한 4000억원 이상을 달성하며 스케일 업 우상향 그래프를 잘 그렸다고 볼 수 있습니다. 무신사가 투자유치에 성공하고 몸집을 키울 수 있던 이유는 거품데이터가 아닌 실제 거래액 규모를 늘리는데 성공했고 확실한 포지서닝을 완성했기 때문이라고 볼 수 있습니다. 무신사는 국내시장에서의 스케일업에 그치지 않고 이제 글로벌로 점유대상을 확대하고 있습니다.

◆ 시장 내 점유율 확대

기존 시장에서 제품이나 서비스의 점유율을 높이고, 공헌이익을 최적화하여 수익성을 극대화하는 방식입니다. 고객 획득 비용 대비 장기적 수익 창출 구조가 중요합니다.

· **핵심 요소**:

북극성 지표(최우선 지표)를 기반으로 성장을 측정

공헌이익(매출 - 변동비)의 증가를 목표로 설정

비용 대비 매출 비율을 지속적으로 개선

· **사례**:

리디(RIDI): 전자책 구독 서비스로 출발한 후 다양한 콘텐츠(웹소설,

웹툰) 확장과 유료 구독자 기반을 안정적으로 확보하여 시장 내 점유율을 확대했습니다. 리디는 콘텐츠 확대와 사용자의 재방문율 증가를 통한 공헌이익 개선에 집중해 성공적인 스케일업을 달성했습니다.

스케일업 사례로 많이 나왔던 당근마켓 같은 플랫폼 스타트업들이 영업이익이 나지 않아도 유저를 많이 확보했거나 매출증가세를 보여 큰 투자를 성공시킨 사례가 있습니다. 그러나 이제는 플랫폼이나 Saas(서비스형 소프트웨어) 기업들처럼 변동비에 영향받는 기업들이 나타나며 투자자들 사이에 공헌이익이라는 개념의 중요성이 높아지고 있습니다. 스타트업이 체계적으로 수익기대에 대한 모델링을 완성하는 역량을 갖추었는가를 확인하려 하는 것입니다(공헌이익이란? 매출에서 변동비를 뺀 액수. 즉 고정비를 회수하고 난 후 순이익을 증가시키는데 기여하는 이익). 적자를 감수하면서라도 유저를 확보하는 등의 치킨 게임을 지속하게 되는 대형 플랫폼의 경우 공헌이익률이 떨어지고 적자가 누적되는 상황을 겪고 있습니다. 이런 현상을 지켜보며 기업가치 밸류에이션이 적절했는가가 의심되어지는 것이 현실입니다. 매출이 커져도 이에 비례해 고객획득비용 등의 변동비도 커지기 때문에, 흑자전환(BEP:Break Even Point)달성이 굉장히 어렵게 되기 때문입니다.

진정한 스케일업, 즉 성장에서 목표할 것은 단순 매출확대나 유저확대가 되어서는 안됩니다. 중요한 것은 몸집불리기가 아닌 재무상황을 고려한 손익분기점(BEP)까지의 디테일을 체계적으로 설계하는 것이 아닐까 싶습니다.

 스토리의 과학으로 사업계획을 설계하라

스케일업의 또다른 방향은 연관이 있는 시장으로 확대하거나 혁신을 통해 새로운 시장에 도전하는 것입니다.

◆ 연관 시장 및 비즈니스 모델 확장

기존 제품군과 시너지를 낼 수 있는 시장으로 확장하거나 새로운 비즈니스 모델을 추가하여 수익원을 다각화하는 방식입니다.

· 핵심 요소:

기존 고객 데이터와 니즈를 바탕으로 연관 제품군 파악

시장 진입 전 철저한 가설 검증

확장 시 자원 배분과 리스크 관리 체계 마련

· 사례:

토스(Toss): 송금 서비스로 시작해 결제, 대출, 보험 등으로 확장하여 금융 슈퍼앱으로 성장.

쿠팡(Coupang): 전자상거래에서 배달 서비스인 '쿠팡이츠'로 확장하여 O2O 시장 공략.

명함관리 어플 리멤버가 채용서비스를 만드는 것, 소통플랫폼 블라인드가 만드는 소개팅 서비스 등도 모델을 확장한 사례입니다.

마지막은 해외시장 진출입니다.

◆ 해외 시장 진출

국내 시장에서 성장을 이룬 스타트업이 해외로 진출하여 글로벌 시장에서의 기회를 탐색하는 방식은 투자자들도 관심있어 하는 시나리오입니다. 국내 시장의 규모가 한계가 있기 때문입니다. 해외 진출은 새로운 고객층과 수익원을 창출할 수 있는 강력한 방법이지만, 현지화 전략과 리스크 관리가 필수적입니다.

· **핵심 요소:**

현지 시장 분석과 진출 전략 수립

문화적, 규제적 차이에 대한 사전 대비

현지 파트너사 및 네트워크 확보

· **사례:**

젠틀에너지(Gentle Energy): 국내에서 에너지 관리 솔루션으로 성장한 후 유럽 시장 진출을 통해 스마트 에너지 관리 시스템을 확장.

에어스메디컬(AirsMedical): 병원 및 의료기기 소프트웨어로 국내에서 입지를 다진 후, 아시아 및 유럽 헬스케어 시장으로 진출해 글로벌 진출의 교두보를 마련.

스케일업 시나리오는 희망적이고 낙관적으로 작성되지만 고민을 멀리해서는 안됩니다. 스케일업 시나리오는 기업의 비전과 목표와 맞는 것이 우선입니다. 그리고 무엇보다 구체적인 계획과 계획에 대한 근거를 바탕으로 수립되어야 합니다. 다음의 질문에 대한 명확한 답변이 발

　　　　　　　　　　　　스토리의 과학으로 사업계획을 설계하라

표자료 또는 발표 후 질의 응답에 포함되어야 청중에게 신뢰를 줄 수 있다는 것을 명심해야 합니다.

- 스케일업 시나리오가 기업의 비전과 목표와 함께하는가?
- 어떤 시장을 공략하여 어떤 규모가 되려고 하는지?
- 구체적 전략은 어떠한지?
- 스케일업 과정에서 달성해야 할 주요 마일스톤을 추적하는 체계적 관리를 할 수 있는지?

◆ 스케일업 과정에서 중요한 재무 계획과 공헌이익 중심 관리

스케일업의 성공 여부는 재무 지표와 직결됩니다. 공헌이익을 중심으로 수익성을 관리하고, 손익분기점(BEP) 도달 전략을 수립해야 합니다.

· **공헌이익**: 매출에서 변동비를 뺀 금액으로, 기업의 고정비 회수와 순이익 증가에 기여하는 핵심 지표
· **손익분기점(BEP)**: 매출이 고정비와 변동비를 초과하여 순이익을 창출하는 지점

· **주요 관리 지표**:
고객획득비용(CAC)과 고객평생가치(LTV) 비율
공헌이익률 개선 목표
투자 대비 예상 수익률(ROI)

◆ 스케일업 발표 시 고려할 요소

발표 자료는 투자자나 청중이 기업의 확장 가능성과 수익성을 명확히 이해할 수 있도록 구성해야 합니다.

- **핵심 메시지 전달**: 스케일업을 통해 어떤 시장 기회를 잡고, 어떻게 수익성을 확보할 것인지 명확히 설명합니다.
- **데이터 기반 근거**: 시장 분석, 고객 데이터, 재무 예측 등 구체적인 자료를 시각화하여 신뢰를 높입니다.
- **리스크 관리**: 확장 과정에서 예상되는 주요 리스크와 이에 대한 대응 전략을 제시합니다.

잘 설계된 비즈니스 모델과 스케일업은 스타트업의 성패를 가르는 결정적 디자인입니다. 창업자는 단순한 상상이 아니라, '전략적으로 설계된 모델과 성장'이 필요합니다.

창업가는 디자이너이자 설계자입니다. 시장과 고객을 이해하고, 자원의 흐름을 설계하며, 변화의 리듬을 통제하는 사람.

우리가 '무엇을 만들 것인가(What)'를 그리고 있다면 이제는 그 그림이 현실에서 작동하도록 만드는 분석과 전략의 단계로 나아가야 합니다. 무작정 몸집을 키우는 것이 아니라, 숫자와 구조를 읽고 조정하는 능력이 성패를 가릅니다.

다음 장에서는 그 전략적 사고의 구조를, 그리고 실행 가능한 설계의 원리를 함께 살펴보겠습니다.

국제 생물다양성 규제 대응 준수 의무에 따라,

증권사는 관리 기업에 대한 **생물다양성 지표 구축 및 관리 필요성 증가**

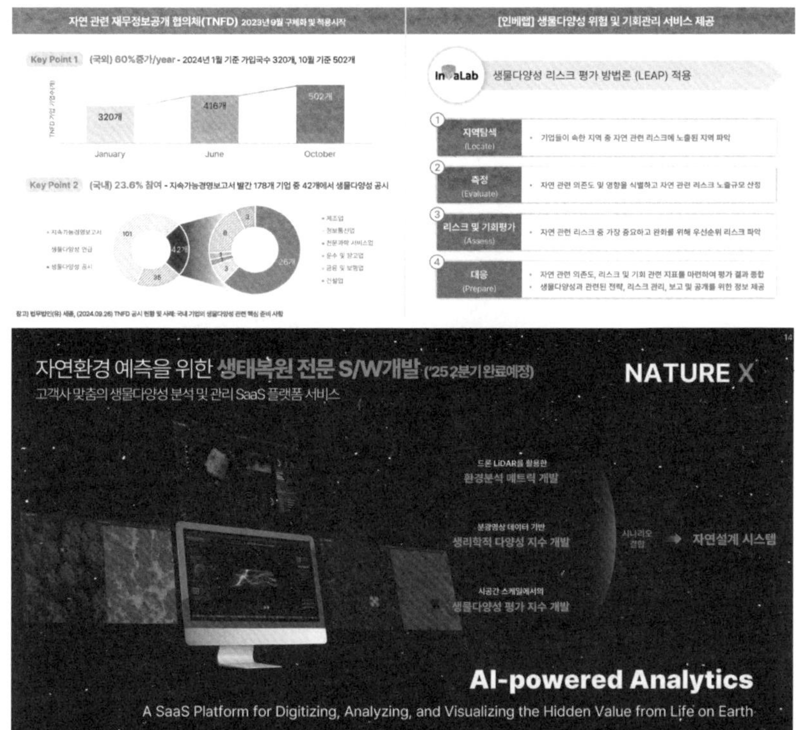

[그림 36] '인베랩' 스케일업 방향성 설명하는 사례

4장

분석과 전략설계:
데이터와 내러티브(Narrative)

분석의 중요성

분석(分析)은 말그대로 나누고 쪼개는 것을 의미합니다. 복잡한 것을 풀어서 기준을 두고 나누는 행위를 뜻하는 것입니다.

지금의 분석은 복잡한 것을 풀어 기준에 따라 분류하고, 얽히고설킨 데이터와 현상을 정리해 유의미한 정보로 바꾸는 과정까지 포함하는 의미로 사용됩니다.

그렇다면 현업에서 왜 분석이 필요한가?

저는 한 문장으로 답합니다. 기회와 위기를 제대로 식별하기 위해서입니다.

성공은 대체로 기회를 잘 본 결과이고, 실패를 줄인 팀은 위기를 잘 관리한 팀입니다. 같은 것을 보고도 다르게 보는 능력, 같은 환경에 있어도 먼저 피하는 능력. 이게 분석이 만들어내는 해상도의 차이입니다. 누군가는 인스타그램을 '시간 때우기'로 쓰지만, 누군가는 공짜 유통 채널로 인식합니다. 똑같은 데이터 속에서도 분석의 힘이 있는 사람은 더

　　　　　　　스토리의 과학으로 사업계획을 설계하라

많은 것을 봅니다.

스타트업에게 분석은 선택이 아니라 필수 과목입니다.

우리는 비즈니스를 시작하기 전 돈이 실제로 흐르는 시장인지 확인해야 합니다. 언제, 왜, 얼마나의 수준까지 가늠해야 합니다. 또한 우리를 방해하거나 무력화할 요인을 미리 짚어봐야 합니다. 그래야만 수익화라는 전장에서 승리할 수 있기 때문입니다.

이 책에서는 분석의 종류를 기억하기 쉽게 나누고 스토리에 활용가능 하도록 정리해 보았습니다. 통계데이터분석 위주가 아닌 사업계획을 위한 마케팅 툴을 포함했습니다. 정량적, 정성적 분석을 나누지 않고 목적에 따라 분류한 점, 기업의 상황에 따라 적용법이 달라질 수 있는 점을 참고하고 활용할 것을 추천합니다.

숫자 뒤에 숨은 "고객과 시장의 이야기" 찾기

■ 문제를 찾기 위한 분석

문제를 찾는 분석들은 원인과 결과 등 인과관계를 찾는 것을 목표로 합니다. 시장데이터 분석(문제발생건수, 통계자료, 연구조사 등) 밸류체인 분석(산업현황, 구조 등), 고객분석(pain, gain 분석, 고객여정지도), 그 외 현황 분석(원인과 결과값이 드러난 자료, 인터뷰 분석) 등이 이에 속합니다.

전문기관에서 통계조사를 하고 연구한 내용을 활용하는 것도 좋습니다. 그러나 직접 데이터를 확보하거나 고객의 동선, 여정을 파악하는 노력을 해보는 것을 추천합니다. 그래야 우리가 가설이 아닌 현실로 존재하는 방법을 알게 됩니다.

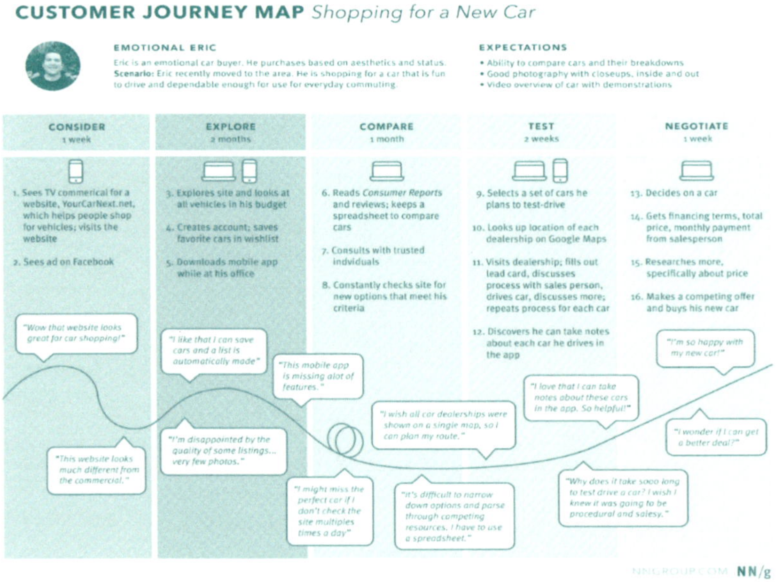

[그림 37] 고객여정지도 분석의 예

　　　　　　　　　　　　　스토리의 과학으로 사업계획을 설계하라

최근 수업을 듣던 제자가 새벽2시 유흥가 취객을 대상으로 하는 서비스를 개발한다고 찾아왔습니다. 요즘의 숙박 어플 외에 무언가 새로운 게 필요하다고 주장했습니다. 하지만 새벽 2시 유흥가, 그들이 직접 사용할 동선을 그리다 보니 학생의 가설에 많은 실수가 일어날 수 있음을 알게 되었습니다. 취객에게 주변 숙소 상황을 파악하게 한다는 아이디어인데 그들에게 발견되기 어려운 방법이었습니다.

학생 스스로 상상과 현실의 갭이 상상보다 크다는 것을 체감하는 순간이었습니다. 그 학생은 당장 금요일 밤 새벽두시에 거리로 다시 나가겠다고 했고 실제 단돈 몇천 원을 들여 고객동선 내 발견되는 명함크기의 QR코드와 랜딩페이지만으로 구매까지 만들어 낼 수 있었습니다.

■ 기회 확인을 위한 분석

트렌드 분석, 시장환경 분석(PEST 분석, 경쟁분석 등), 고객니즈분석 등은 과거와 현재, 미래를 다루며 기회를 확인할 수 있습니다. 예를 들면 PEST(Political 정치적/경제적(Economic)/사회적(Social)/기술적(Technological) 분석의 경우 네 가지 이슈에 관련된 변화로 기회나 위기를 찾도록 도와줍니다. 예를 들면 중대재해처벌법의 시행 등은 산업안전환경을 변화시키려는 스타트업에게 빠른 시장진입을 도와주는 계기가 되었습니다. 생성형 AI의 급속한 발전과 이용경험은 스타트업씬에서 새로운 솔루션을 쏟아내도록 도왔습니다.

[그림 38] '이지테스크'의 시장 분석의 예

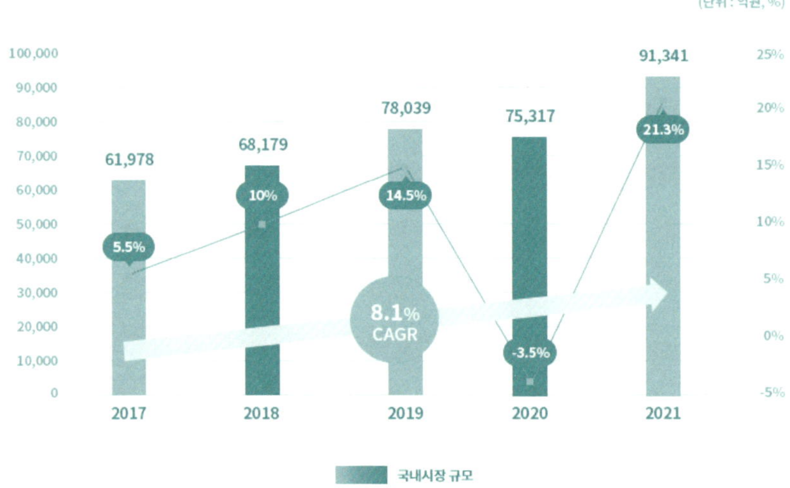

· 국내시장규모 = 생산-수출+수입

출처: 식품의약품안전처, 의료기기 생산 및 수출 · 수입실적 보고자료, 각 연도

[그림 39] 시장성장규모 분석의 예(이미지 출처: 의료기기산업종합정보시스템)

스토리의 과학으로 사업계획을 설계하라

■ 현황 파악을 위한 분석

　현황 파악 분석은 시장환경을 알려 주기 위해 많이 쓰이는 스토리의 소재입니다. 시장 및 고객규모(TAM-SAM-SOM), SWOT분석, 경쟁분석, 3C 분석, 5FORCE분석 등을 통해 청중에게 조금 더 자세한 정보를 줄 수 있습니다. 특히 TAM(Total Available Market전체시장)-SAM(Serviceable Available Market유효시장)-SOM(Serviceable Obtainable Market수익시장, 목표시장) 은 스타트업이 가장 많이 제시하는 시장규모 분석 프레임입니다. 그러나 많이 쓰는 만큼 제대로 분석되어 있는지 물을 수 있는 자료이기도 합니다.

　이 프레임은 시장은 포텐셜이 확실한 시장인지, 목표고객이 나 시장의 규모를 타당하게 추산했는지, 확장가능한 유효시장을 잘 보았는지 등을 파악할 수 있습니다.

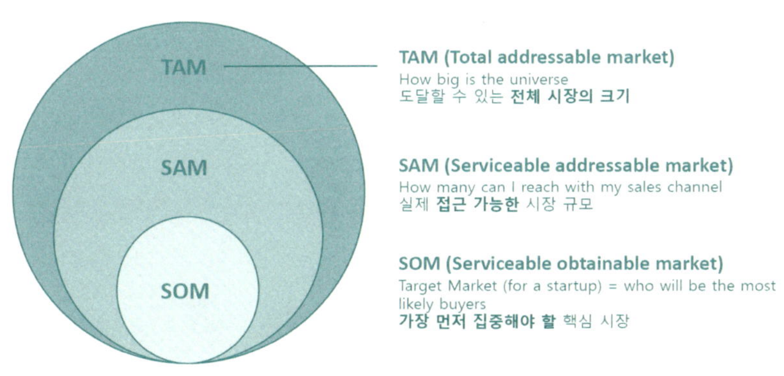

[그림 40] TAM-SAM-SOM 그래프

경쟁분석은 시장현황을 소개하는데 그치지 않고 차별화 포인트와 진입전략 등에 활용할 수 있습니다. 이러한 현황분석 도구는 사업의 타당성, 시장의 잠재성뿐만 아니라 시장을 그리는 팀의 역량까지 볼 수 있는 자료가 되니 신중하게 작성되도록 해야 합니다.

[그림 41] '내향인'의 시장규모분석

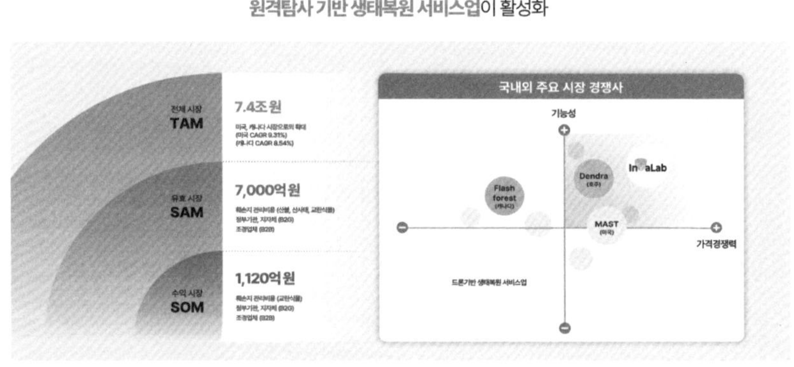

[그림 42] '인베랩'의 시장규모분석 및 경쟁분석

    스토리의 과학으로 사업계획을 설계하라

■ 전략과 목표를 위한 분석

우리는 분석을 통해 시장의 이야기를 들려주는 것과 동시에 앞으로 어떻게 할 것인지 전략에 대한 스토리도 들려주어야 합니다.

성공적인 전략 수립은 단순한 통보나 숫자 나열이 아니라, 이야기처럼 풀어가는 과정에서 나옵니다. 시장과 고객의 목소리를 듣고 이를 체계적으로 분석해 구체적인 계획으로 연결하는 것이 핵심입니다. 이를 위해 다음과 같은 분석 도구들을 활용할 수 있습니다.

- **STP(Segmentation, Targeting, Positioning)**: 세분화를 통해 특정 고객군을 목표로 하고, 그들에게 어떤 접근을 할지 결정하는 데 필수적
- **4P(Product, Price, Place. Promotion)**: 마케팅 믹스를 통해 전체적인 실행 계획을 구체화
- **7P(4P + People, Process, Physical evidence)**: 서비스 확장에 맞춰 추가된 마케팅믹스
- **포지셔닝 맵(Positioning Map)**: 경쟁 환경 속에서 우리의 위치를 시각적으로 이해하고 최적의 전략적 위치를 찾는 데 도움
- **POEMS Framework**: 고객의 일상적인 행동 패턴과 맥락을 분석하여 기회요소를 발굴
- **FCB 그리드**: 고객의 감정적/이성적 의사결정을 분석해 효과적인 마케팅 메시지를 설계

구분 (Category)	질문 (Key Question)
People 사람	**Who could enhance the experience?** 이 경험을 더 좋게 만들 수 있는 사람은 누구인가? (e.g., sales people, call center reps/ 예: 영업사원, 콜센터 상담원 등)
Objects 사물	**What physical things can be created?** 어떤 물리적 대상이 만들어질 수 있는가? (e.g., electronics, tools/예: 전자기기, 도구 등)
Environments 환경	**In what kind of location or setting can this take place?** 이 경험은 어떤 장소나 상황에서 발생하는가? (예: 매장, 사무실, 집 등 / e.g., store, office, home)
Messages & Media 메시지 & 미디어	**What kind of information can be provided and how?** 어떤 정보를 어떤 방식으로 제공할 수 있는가? (e.g., media, books/ 예: 미디어, 책 등)
Services 서비스	**What services and support systems can be offered?** 어떤 서비스와 지원 시스템을 제공할 수 있는가? (e.g., delivery, customized counsel /예: 배송, 맞춤 상담 등)

[그림 43] POEMS Framework Designed by Rotman, University of Toronto.

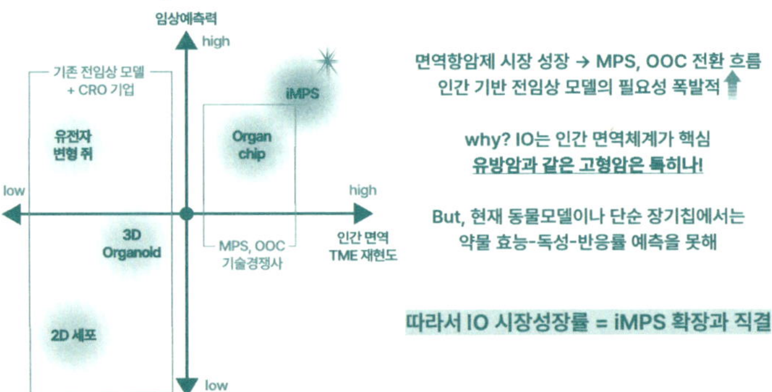

[그림 44] 'OncoEden' Positioning Map 예시

스토리의 과학으로 사업계획을 설계하라

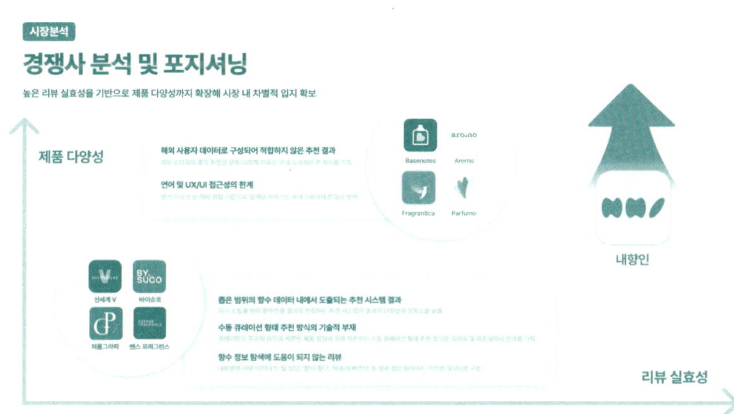

[그림 45] '내향인' Positioning Map 예시

◆ STP(Segmentation, Targeting, Positioning)

타겟팅 전략 성공 사례: 아파트멘터리

아파트멘터리는 인테리어 시장에서 다양한 리모델링 프로젝트를 진행하며 특정 타깃의 소비 패턴을 발견하고 집중한 비즈니스입니다.

그들의 타깃은 바로 서울 경기권 30평대, 10억원 중후반대의 아파트에 거주하거나 보유한 30·40세입니다.

이들은 부동산과 재테크에 관심을 갖고 삶에 질을 높이기 위해 노력합니다. 또한 가심비를 중시하며 집에 투자하는 데 적극적입니다. 비용보다는 만족도와 라이프 스타일에 취향을 반영하고자 하는 욕구를 가졌습니다.

아파트멘터리는 이런 코어 소비자층을 '미들노트(Middle-note: 본연의 가치나 진짜 취향에 관심을 갖는 부류)'세대 라는 용어로 정의했습니다. 그들의 원하는 집의 이미지가 분명하기에 특정 스타일을 강요하기보다는 그들의 욕구를 편하게 구현하게 해 주는 방식으로 J커브를 그리고 있습니다.

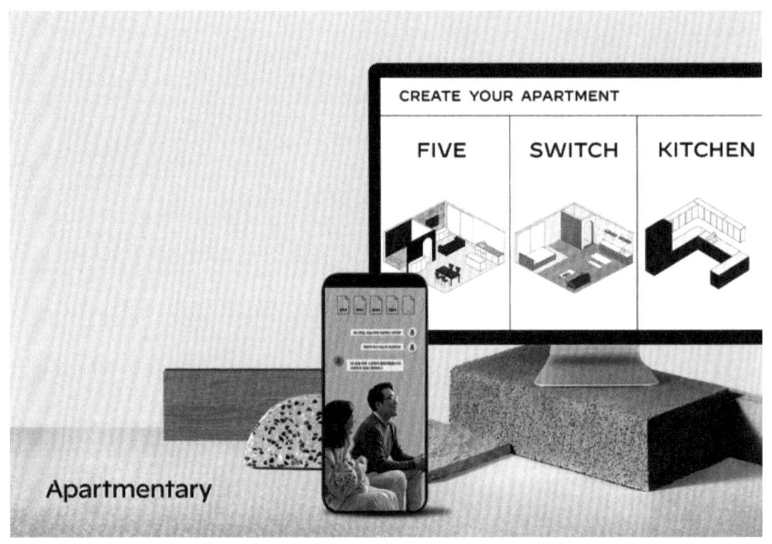

[그림 46] 인테리어 시장의 '아파트멘터리'

청중이 듣고 싶은 것은 분석도구나 전략 프레임워크 읽기가 아닙니다. 왜 그렇게 결정한 것인지 전략적 사고를 공유하는 것에 초점을 맞춰야 합니다. 타깃고객 설계이유, 가격결정의 타당성, 유통채널선정의 배경 등을 함께 이야기해준다면 여러분의 전략을 이해시키는데 도움이 됩니다.

저는 특별히 차별화가 강조되는 스타트업에게 포지셔닝 맵을 통해 객관적으로 우리의 위치를 파악하고 조정하길 권하곤 합니다. 포지셔

　　　　　　　　　　스토리의 과학으로 사업계획을 설계하라

닝 맵은 경쟁 상황을 시각적으로 보여주고, 목표를 정립하는 데 큰 도움을 줄 수 있는 단순하지만 강한 인사이트를 제공하는 도구입니다.

포지셔닝 맵은 주로 두 가지 주요 속성을 축으로 설정하여 제품이나 서비스의 위치를 시각화합니다. 예를 들어, 가격(고가 vs. 저가)과 품질(고품질 vs. 저품질), 기능성(기능 중심 vs. 감성 중심) 등의 기준을 사용할 수 있습니다. 포지셔닝 맵은 경쟁자가 어디에 위치해 있는지 명확히 보여줌으로써, 새로운 기회를 탐색하거나 시장의 빈틈을 공략할 수 있는 전략 만드는 것을 도와줍니다.

중요한 것은 이 두 축을 설정할 때 우리의 강력한 핵심가치가 잘 드러나는지 혹은 USP(Unique Selling point: 고객이 우리를 선택하게 하는 포인트)가 명확한지 확인하며 디자인하는 것입니다.

특히 스타트업은 한정된 자원을 효율적으로 사용해야 하기 때문에, 모든 속성을 다 만족시키기보다는 고객이 가장 중요하게 생각하는 특정 가치에 집중하여 차별화된 이미지를 구축하는 것이 효과적입니다.

그렇기에 시장 내에서 차별화된 틈을 확보하고, 효율적인 자원 배분을 통해 빠르게 성과를 내는 데 집중해야 합니다.

■ 결과를 보여주는 분석

비즈니스를 시작하면 고객을 획득하고 시장과 상호작용한 결과를 보여주는 데이터를 얻게 됩니다. 우리는 정확한 데이터를 통해 우리의 가설이 증명되고 있음을 공유하는 자료를 완성할 수 있습니다.

이때 주의할 것은 커지는 숫자가 성공을 보여주는 척도라고 생각하면 안된다는 것입니다. 예를 들면 방문자수, 팔로워 수 좋아요 수 등은 대표적 허상지표일 수 있습니다. 우리가 알고 참고할 정보는 고객이 어디를 통해 왔는지 무얼 얼마나 행동했는지 실제 수익과 연결관계가 있는지를 보는 것입니다.

◆ 청중이 보는 핵심 포인트

· **전환(Conversion)**: 어디를 통해 들어와서 무엇을 얼마나 했는지(가입 → 첫 사용 → 유료 전환).

· **유지(Retention)**: 1주/4주/12주 뒤에 얼마나 돌아오는지, 왜 남고 왜 떠나는지(코호트 기준).

· **수익성(Unit Economics)**: CAC, LTV, 페이백 기간, 공헌이익률이 개선되고 있는지.

· **원인-결과 링크**: 특정 기능/가격/캠페인이 어떤 지표를 얼마나 변화시켰는지(전/후 비교, A/B 테스트).

· **재현 가능성(Repeatability)**: 이번 결과가 반복 가능한 시스템인지, 우연이 아닌지.

요즘 AARRR이라는 도구가 스타트업 씬에 활용되고 있습니다. AARRR은 그로스해킹, 마케팅 쪽에 관심을 둔 사람이라면 들어봤을 지표입니다. 이 지표는 데이브 맥클루어라는 실리콘밸리의 VC(벤처투자자)가 2007년에 만든 방법론으로 해적지표(Pirate Metrics)라고도 불립니다. AARRR은 단순한 분석이 아니라 제품성장의 전 주기를 측정하는 것이 목적이지만 결과 공유의 뼈대가 되기도 합니다.

이 중에서도 활성화(Activation)와 유지(Retention)는 청중도 기대하

    스토리의 과학으로 사업계획을 설계하라

는 두 성과 지표입니다. 제품-시장적합(PMF)에 가장 근접한 신호가 이 두 축이기 때문입니다.

단계	설명	대표지표
Acquisition (획득)	고객이 우리 서비스를 처음 알게 되는 경로	방문자 수, 유입채널, CAC 등
Activation (활성화)	고객이 처음 '가치'를 체험하는 단계	회원가입, 첫 구매, 첫 사용률 등
Retention (유지)	고객이 반복 사용하며 관계가 형성되는 단계	재방문율, D7/D30 유지율, 이탈률
Referral (추천)	고객이 다른 사람을 데려오는 단계	초대율, K-Factor, 추천 전환율
Revenue (수익)	고객이 직접 매출을 만들어내는 단계	ARPU, LTV, 구독률, 결제율

[그림 47] AARRR분석의 예

◆ 북극성지표

분석은 청중을 설득하고 매료하기 위한 숫자들이 아닙니다. 실제 우리 팀이 나아갈 시장을 이해하고 활동을 모니터링하는 것뿐만 아니라 방향성을 세워주는 작업에도 활용해야 합니다.

창업에서 운영으로 진입한 팀이라면 핵심 전략을 구축할 때 데이터에 근거한 레버리지를 찾는 것이 중요합니다. 우리 비즈니스의 본질이 되는 활동, 그리고 그것을 알게 해주는 지표를 잘 선별할 줄 알아야 합니다.

북극성 지표(the North star)는 이 내용을 강조하는 데 쓰이는 주요 데이터라 할 수 있습니다.

북극성 지표는 고객에게 전달되는 핵심가치를 포착하는데 사용하는 지표입니다. 신규 고객 획득, 활발한 고객 활동, 충성고객군 같은 요소들은 공통된 성장지표로 간주될 수 있습니다. 그러나 제품이나 사업에 따라 이 핵심 지표는 달라져야 합니다.

예로 들면, 음악 스트리밍 서비스인 Spotify는 월간활동자의 감상시간이 북극성 지표일 것입니다. Airbnb는 고객의 예약숙박일을 핵심가치 포착으로 보고 예약 숙박일 수를 늘리는 전략에 우선순위를 두었을 것으로 보입니다. 전문가들의 글로벌 소통플랫폼 링크드인은 MAU(Monthly Active User)를, 팀 밀착형 커뮤니케이션 도구 슬랙은 DAU(Daily Active User)를 통해 핵심가치를 모니터링 하며 전략을 세울 것으로 보입니다.

우리가 청중에게 들려주는 이야기는 반짝하고 환심을 사기위한 스토리만은 아닙니다. 다양한 도구를 활용하여 고객의 행동을 관찰하고 이유를 찾는 우리의 태도를 보여주는 것이 좋습니다. 획득에 성공한 이유분석, 활성화와 유지, 추천을 일으킨 요소들이 분석되고 있다면 매우 훌륭한 팀으로 보일 것이라고 생각합니다.

◆ 분석 작업을 위한 참고 사항

① 분석의 맥락을 강화하는 요소
· 분석의 목표와 기대 효과 명시
단순히 데이터를 나열하는 것이 아니라, 각 분석이 어떤 문제를 해결

　스토리의 과학으로 사업계획을 설계하라

하거나 어떤 의사결정을 도울지 명확히 하는 것이 중요합니다.

예: "고객 분석을 통해 핵심 페르소나를 식별하고, 이들이 제품을 사용하는 과정을 매핑해 고객 여정의 병목지점을 제거하는 전략을 설계했습니다."

· 분석의 한계와 해결 방안 제시

현실적인 데이터를 기반으로 신뢰를 주려면 분석의 한계를 인정하고, 이를 보완하기 위해 추가 데이터를 확보하거나 실험을 계획 중임을 밝히는 것이 효과적입니다.

예: "경쟁 분석은 현재 시장의 주요 플레이어를 대상으로 했으며, 빠르게 변화하는 시장 트렌드를 반영하기 위해 분기별 업데이트를 계획 중입니다."

② 투자자 관점에서 본 분석
· 리스크 요인과 대응 전략 포함

투자자들은 기회뿐만 아니라 잠재적 리스크와 이를 어떻게 관리할지 궁금해합니다. 분석에서 리스크 요소를 객관적으로 진단하고 대응책을 포함하면 신뢰를 높일 수 있습니다.

예: "대기 오염 시장의 주요 규제 변화를 파악하기 위해 분기별 PEST 분석을 실시하며, 잠재적 리스크에 대비한 컨틴전시 플랜을 마련 중입니다."

· ROI(Return on Investment)를 중심으로 결과를 연결

분석의 결과가 실제로 투자 대비 어떤 이익을 창출할 수 있을지 구체적인 시뮬레이션을 보여 줍니다.

예: "현재 타깃시장(SOM)의 2%를 확보하면 연간 매출 50억 원 달성이 가능하며, CAC 대비 LTV 비율을 3:1 이상으로 유지할 수 있습니다."

③ 분석을 시각적 자료로 설득력 있게 전달

· 자료의 비주얼화

투자자나 평가자는 방대한 데이터를 빠르게 이해할 수 있도록 시각적 자료를 선호합니다.

예: TAM-SAM-SOM 다이어그램, 포지셔닝 맵, 경쟁 분석 테이블, 고객 여정 지도 등의 시각 자료를 예시로 활용하면 훨씬 설득력 있는 자료가 됩니다.

· 상호작용 가능한 자료 활용

단순히 보여주는 자료가 아니라, 발표 과정에서 청중이 의문을 제기하면 이를 바로 확장하거나 드릴다운(Drill Down) 방식으로 세부 내용을 설명할 수 있는 준비가 필요합니다.

④ 분석과 실행 간의 연결

· 분석 기반 실행 계획 제시

데이터를 기반으로 실행 가능한 계획을 제시하면 분석의 실질적인 가치를 강조할 수 있습니다.

　　　　　스토리의 과학으로 사업계획을 설계하라

예: "고객 세분화 결과, 20~30대 직장인을 주요 타겟으로 설정하고, 이들이 선호하는 소셜 미디어를 활용한 콘텐츠 마케팅을 집중적으로 전개할 예정입니다."

· 데이터에서 전략까지 이어지는 논리 구조 정리

분석 결과 → 인사이트 → 전략 → 실행 계획의 흐름이 명확해야 합니다.

예: "경쟁 분석 결과, 시장에서 가장 큰 불만 요소는 '바람이나 우천 등의 외란으로 사용 못 하는 시간이 5시간 이상으로 길다'는 것으로 나타났습니다. 이를 해결하기 위해 비전AI 기반 항로 유지 솔루션을 개발 중이며, 이를 통해 고객 만족도와 유지율을 각각 20% 상승시킬 계획입니다."

분석을 통해 알아낸 사실과 정해진 계획은 전체 스토리의 매끄러움과 보완을 위해 다양하게 사용될 수 있습니다. 필자의 경우엔 스토리라인에서 도입부와 전략부분에 주로 사용하고 있습니다.

위의 분석을 스토리화 할 때는 정보가 공신력이 있을수록 좋습니다. 산업과 시장의 소리를 직접 들을 수 있는 자료를 찾는 것에 주력해야 합니다. 직접 만드는 자료 또한 정확하고 진실되어야 합니다. 투자도 중요하지만 그것보다 중요한 건 우리의 비즈니스의 성공입니다. 다시 말씀드리지만 모든 것은 가설을 수립하기 위함이고 우리는 실행하며 확인하는 것뿐입니다.

전략의 내러티브 전개

"전략"은 원래 전쟁터에서 탄생한 단어입니다. "목표를 달성하기 위해 승리 가능성을 극대화하는 방법", 이것이 전략의 핵심 정의입니다.

서양 최초의 전쟁 사상가 클라우제비츠는 '전쟁론'에서 "전략이란 목표 달성을 위해 해야 할 것과 해서는 안 될 수단을 구별하는 것"이라 했습니다.

손자병법에서는 "목적은 의지를 관철하는 것이며, 이를 실현하기 위해 적을 속이는 것"이 전략이라 말합니다.

오늘날의 비즈니스 환경은 매일같이 전쟁터와 같습니다. 경쟁은 치열하고, 변화는 빠르며, 누구나 생존을 위해 싸우고 있습니다.

이제 전략이란 단어는 단순히 전투의 기술이 아니라, 역량과 자원을 활용하여 피해를 최소화하고 이익을 극대화하는 설계 행위를 의미합니다.

전략에는 늘 두 가지가 포함됩니다.

목표 — 어디로 가야 하는가?
수단 — 어떻게 도달할 것인가?

하지만 전략이 단순히 수학적 계획표로 그려지면 청중의 마음을 움직이지 못합니다.

IR이나 사업계획의 발표 현장에서 전략은 논리가 아니라 이야기로 전개되어야 합니다.

  스토리의 과학으로 사업계획을 설계하라

왜 이 전략이 지금 필요한지, 어떤 경험에서 출발했는지, 어떤 맥락 속에서 설계되었는지를 '이야기처럼' 들려줄 때 청중은 비로소 납득합니다.

전략의 내러티브는 '분석-인사이트-선택-집중'의 흐름 속에서 완성됩니다.

즉, 문제를 해석하고 → 기회를 읽고 → 선택지를 좁히고 → 자원을 집중하는 과정이 곧 스토리의 전개이자 전략의 설계입니다.

우리도 시장이라는 전쟁터에서 살아남기 위해, 숫자가 아니라 이야기를 설계하는 전략가의 시선을 배워야 합니다.

■ SMART 목표 설정

현대 경영학의 아버지 피터 드러커는 "구체적이지 않은 목표는 단지 소망일 뿐이다"라고 말했습니다. 유명한 자기계발 전문가 브라이언트 레이시 또한 성공적인 목표는 SMART해야 한다고 주장합니다.

· **Specific(구체적)**: 모호하지 않은 목표
· **Measurable(측정 가능)**: 결과를 평가할 기준 존재
· **Achievable(달성 가능)**: 현실적으로 가능
· **Relevant(관련성 있음)**: 비즈니스와 밀접한 연관
· **Time-bound(기한 명확)**: 기한설정으로 집중력 향상

■ 수단의 중요성

수단은 목표를 이루기 위한 도구입니다. 단순한 도구가 아니라 창의

력과 실행력을 동반한 도구여야 합니다. 같은 아이템을 가지고도 누가 더 효과적으로, 그리고 창의적으로 사용하느냐에 따라 결과는 하늘과 땅 차이가 납니다.

스타트업이 성공하려면 수단의 설계와 실행이 탁월해야 합니다. 평가자는 스타트업이 가진 자원을 얼마나 똑똑하게 활용하는지를 보고 투자 결정을 내립니다.

◆ 개발, 생산, 운영 전략

스타트업의 첫 번째 과제는 아이디어를 현실화하는 것입니다.

그런데 많은 팀이 "어떻게 만들 것인가"라는 질문에 답을 충분히 하지 못합니다.

▶ 현실적 접근이 중요한 이유

예를 들어, 해조류 간식을 만드는 스타트업이 있다고 가정한 경우, 이 팀은 원료 조달, 제조 공정(OEM/ODM 여부), 물류와 유통까지의 과정을 설명할 수 있어야 합니다.

또한 생산 규모와 방식에 따른 리스크와 가격 경쟁력 변화를 고려해야 합니다. 이런 정보를 구체적으로 공유할 수 있다면 투자자는 이 팀이 현실적으로 실행 가능한 전략을 보유했다고 믿게 됩니다.

핵심 질문

· 생산 과정은 현실적인가?

· 제품의 스케일업 가능성은 충분한가?

     스토리의 과학으로 사업계획을 설계하라

· 투자 대비 효과를 극대화하기 위한 계획은 명확한가?

◆ 마케팅 전략(Get-Keep-Grow)

창업을 준비하는 분들에게 가장 자주 듣는 질문이 있습니다.

"무엇을 먼저 공부해야 할까요?"

정답은 없지만, 저는 늘 마케팅의 중요성을 가장 먼저 이야기합니다.

제가 만나는 기술창업팀에는 뛰어난 엔지니어와 석학이 많습니다. 그러나 지식과 기술이 곧 판매를 보장하지는 않습니다.

제품이 아무리 혁신적이라도, 고객이 그것을 알고, 사고, 다시 찾게 만드는 힘이 없다면 시장은 움직이지 않습니다.

그 힘이 바로 마케팅입니다.

요즘 세상에서 마케팅은 숨 쉴 틈 없이 우리를 둘러싸고 있습니다. 거리를 걸어도, 스마트폰을 봐도, 스포츠를 관람해도 광고를 피할 수 없습니다.

산업화 이후 마케팅은 가장 빠르게 진화한 영역이 되었습니다.

모두가 자신과 자신의 제품을 세상에 알리기 위해 경쟁하고 있습니다.

하지만 여기서 오해가 있습니다. 많은 초기 창업 팀들이 '알리면 팔릴 것이다'라는 기대를 가지고 마케팅을 시작합니다.

그러나 광고는 단지 마케팅의 한 부분일 뿐, 전략적 행위의 출발점이지 본질은 아닙니다.

마케팅의 본질은 '광고'가 아니라 '이해'입니다.

고객을 이해하고, 시장의 맥락을 읽고, 관계를 설계하는 일에서 전략은 시작됩니다.

요즘의 마케팅은 훨씬 더 넓은 개념으로, 시장과 고객 사이의 모든 '거래를 성사시키는 활동 전체'를 뜻합니다.

제품기획, 고객개발, 브랜딩, 고객 커뮤니케이션, 그리고 관계 유지까지 모두가 마케팅의 영역입니다.

이 장에서는 그 중에서도 스타트업이 실질적으로 활용할 수 있는 프레임워크, Steve Blank의 GET-KEEP-GROW 전략을 중심으로 살펴보겠습니다.

이 전략은 고객을 0에서 목표치까지 성장시키는 과정을 단계적으로 설명합니다.

즉, 고객을 획득(Get) 하고, 유지(Keep) 하며, 확장(Grow) 하는 과정입니다.

단순히 고객을 '얻는 것'이 아니라,

'관계를 설계하는 법'을 배우는 것이 바로 마케팅 전략의 핵심입니다.

· **GET**: 고객을 확보하고 제품을 구매하게 하는 방법.

· **KEEP**: 시간, 돈, 리소스를 들여 획득한 고객을 잃지 않고 장기간 고객을 유지하는 방법(고객을 유치하는 데 드는 비용은 고객을 유지하고 성장시키는 데 드는 비용보다 훨씬 더 비쌈).

· **GROW**: 고객에게 더 많은 제품을 판매하고 더 많은 참여를 얻는 방법

  스토리의 과학으로 사업계획을 설계하라

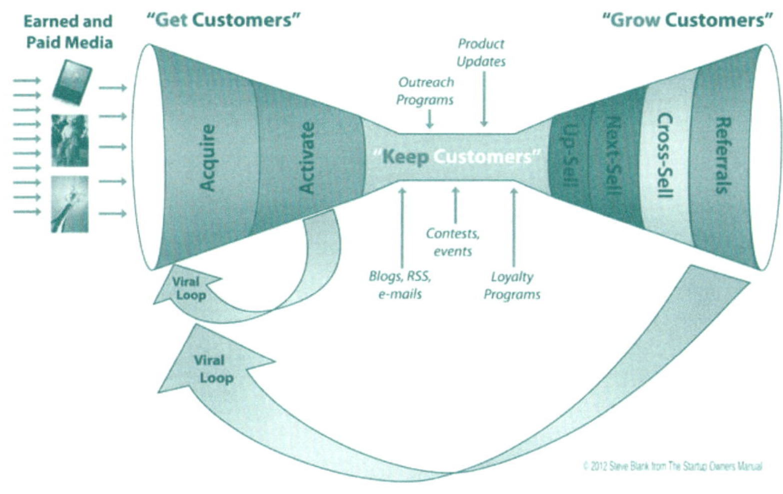

* WEB/Mobil/Cloude

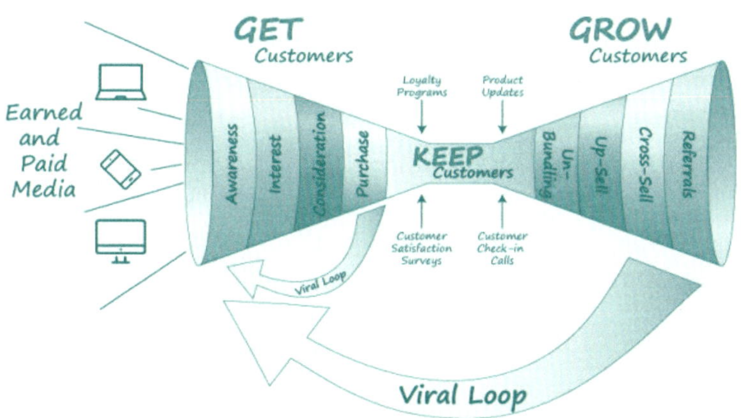

* Physical

[그림 48] 'Get-Keep-Grow' 고객 여정 다이어그램

출처: Steve Blank & Bob Dorf, 2012, "The Startup Owner's Manual"

▶ GET(고객 획득하기)

획득은 고객을 여러분의 사이트나 앱, 제품 앞으로 유도하는 것입니다.

요즘엔 온라인에서 고객이 스스로 여러분을 '찾아오게' 만드는 콘텐츠와 미디어의 중요성이 커졌습니다. 하지만 B2B나 B2G 비즈니스는 오프라인 채널이 여전히 유효합니다.

박람회, 세미나, 영업활동, 네트워킹 등도 모두 획득의 범주에 들어갑니다.

핵심은 고객이 우리를 '보거나 만나도록' 만드는 일입니다.

그들이 무언가를 지불하거나, 가입하거나, 웹사이트나 앱에 참여하게 만들어야 합니다.

스토리 안에서는 "어떻게 최소한의 비용으로 최대의 획득을 이뤄낼 것인가"를 전략적으로 설명해야 합니다.

즉, 고객을 획득할 채널의 타당성, 가능성, 목표를 명확히 설정하고 공유해야 합니다.

내부적으로는 반드시 고객 획득 비용(CAC: Customer Acquisition Cost)을 분석해야 합니다. 고객을 얻는 데 얼마가 들었는지, 그중 실제로 활성화된 고객은 몇 명인지, 획득 후 유지로 이어지는 비율은 어떤지를 파악하는 것이 중요합니다.

〈예시〉

· 방문: 네이버 키워드 광고 클릭당 100원, 10,000명 방문 → 총비용 100만 원

· 활성화: 방문자의 10%가 30일 체험판을 사용 → 1,000명

 스토리의 과학으로 사업계획을 설계하라

· 결제: 그중 5%가 유료 전환 → 50명

이 경우 실제 CAC는 한 명당 2만 원입니다. 이벤트나 인플루언서 협찬 등이 추가되면 비용은 더 올라갑니다.

이처럼 획득비용은 단순한 숫자가 아니라 전략적 판단 기준입니다. 고객 획득 비용이 높은데 전환율이 낮다면, 채널의 효율을 다시 검토해야 합니다.

초기 스타트업은 전문 마케터를 두기 어렵지만, 팀 내 누군가는 제품을 알리고 판매를 일으키는 역할을 맡아야 합니다. 미숙하더라도 실행이 없으면 배움도 없습니다.

창업가는 소비자 행동, 심리, 리더십에 대한 기본 이해를 바탕으로 마케팅 전략의 방향을 스스로 설정할 줄 알아야 합니다. 대부분의 마케팅 서적이 다루는 광고 효과 위계 모형(AIDMA, AISAS 등)도 이해해 두면 고객 획득 단계의 전략 설계에 큰 도움이 됩니다.

▶ Keep(고객유지하기)

고객 유지는 단순히 '이탈을 막는 일'이 아닙니다.

고객과의 관계를 계속해서 활성화하고 성장시키는 과정입니다.

새로운 고객을 확보하는 데 드는 비용은 기존 고객을 유지하는 비용보다 훨씬 큽니다.

그래서 유지 전략은 사업의 지속 가능성을 강화하는 주요 활동입니다.

고객을 장기적으로 유지하기 위한 전략은 다음과 같이 다섯 가지로 정리할 수 있습니다.

· 맞춤형 고객 경험 제공하기

고객은 자신이 '특별한 존재'로 대우받는다고 느낄 때 브랜드에 더 오래 머뭅니다. 개인화된 서비스와 맞춤형 혜택은 단골 고객을 만드는 핵심 도구입니다.

- 사례

무신사스토어: 고객의 취향 데이터를 기반으로 브랜드 큐레이션 피드를 구성해 '내게 딱 맞는 쇼핑 경험'을 강화

· 주기적인 고객 피드백 수집과 개선

고객의 목소리는 비즈니스 개선의 나침반입니다.

정기적으로 피드백을 수집하고, 이를 바탕으로 빠르게 개선하는 것이 중요합니다.

- 사례

플로우(Flow): 기업 고객 피드백을 기반으로 기능 개선 주기 단축 → 업데이트 리텐션율 35% 개선

· 로열티 프로그램 운영

로열티 프로그램은 고객이 브랜드와 지속적으로 상호작용할 수 있도록 유도합니다. 단순한 포인트 적립을 넘어, 단계적 혜택과 독점 보상을 제공하는 것이 효과적입니다.

- 사례

 스토리의 과학으로 사업계획을 설계하라

더존비즈온(DoUZON Bizon): 장기 고객에게 고도화 기능 무료 제공 및 프리미엄 지원체계 운영 → 고객 생애가치(LTV) 향상

· 고객과의 정기적 소통 유지

정기적인 소통은 브랜드와 고객 간의 유대감을 강화합니다.

홍보 중심의 메시지보다 고객에게 도움이 되는 정보를 전달할 때 브랜드는 신뢰를 얻습니다.

- 사례

잔디(JANDI): 고객 성공팀 중심의 웨비나·뉴스레터 운영 → 고객사 평균 이용기간 2.3배 증가

· 데이터 기반의 이탈 예측 및 선제 대응

고객 데이터를 활용하면 이탈 가능성을 미리 감지하고 대응할 수 있습니다. 이탈 징후를 조기에 포착해 개인화된 리마케팅을 진행하면 재사용률을 높일 수 있습니다.

- 사례

밀리의 서재(Millie's Library): '읽던 책 기반' 푸시 리텐션 전략 → 앱 재방문율 40% 이상 유지

고객 유지의 본질은 '관계 관리'와 '신뢰 형성'입니다.

스타트업에게 중요한 것은 고객을 '한 번' 만드는 것이 아니라, 오래 남게 하는 시스템을 설계하는 일입니다.

획득보다 어려운 것이 유지지만, 유지가 곧 다음 단계인 성장을 가능

하게 만듭니다.

결국 Keep 전략은 고객과의 관계를 비즈니스 자산으로 바꾸는 과정이라 할 수 있습니다.

▶ GROW(수익 성장)

만약 지금 여러분의 기업이 고객을 어느 정도 확보했지만 "이제 무엇을 더 해야 할지" 고민 중이라면, 바로 GROW 전략이 필요한 시점입니다.

처음에는 고객을 '얻는 법(Get)'에 집중했다면, 이제는 그 고객이 계속 머물고(Keep), 더 많은 가치를 느끼며(Grow) 자발적으로 당신의 브랜드를 확산시키도록 만들어야 합니다.

대부분의 스타트업은 시장 진입 이후 성장이 멈추는 순간을 경험합니다. 고객은 들어오지만 금세 이탈하고, 매출은 늘지만 수익성은 따라오지 않습니다.

이 시점을 넘어설 수 있는 팀은 단순히 마케팅을 잘하는 팀이 아니라, '성장을 구조화한 팀'입니다.

GROW는 숫자를 늘리는 전략이 아니라, 관계를 확장하고 수익을 구조화하는, 스케일업과도 연결되는 전략입니다.

고객이 더 자주, 더 오래, 더 깊이 관계 맺도록 설계하는 것, 그것이 스타트업의 진짜 성장일 것입니다.

· GROW 전략의 핵심 질문

고객에게 어떤 추가적 가치를 제공할 수 있는가?

그 가치는 어떻게 매출로 연결되는가?

  스토리의 과학으로 사업계획을 설계하라

새로운 시장 또는 제품 라인으로 확장이 가능한가?

기존 고객을 브랜드의 옹호자로 바꿀 수 있는가?

이 네 가지 질문에 답하는 전략이 바로 GROW입니다. 즉, 수익성장을 위한 설계이며 동시에 '관계의 재설계'입니다.

· GROW 전략의 예시

- **언번들링(Unbundling)**: 선택의 자유를 통한 효율적 수익화

고객이 원하는 고급 기능이나 맞춤형 옵션에는 합리적 비용을 부과하는 방식

- 방법

기본형 서비스는 저가·무료로 제공하고, 프리미엄 기능은 별도 과금

고객군별 니즈를 세분화해 옵션화된 제품·기능 구성

- 사례

노선(Notion): 무료 기본 기능과 유료 협업 기능을 분리해 B2B 수익 비중을 40% 이상 확보

- **업셀링(Upselling)**: 고객의 '더 나은 경험'을 제안

고객이 이미 사용 중인 서비스를 한 단계 업그레이드하도록 유도하는 전략

- 방법

데이터 기반으로 업그레이드 타이밍 포착

'가성비'보다 '가심비' 중심의 가치 제안 강조

- 사례

토스증권(Toss Securities): 무료 투자 플랫폼에서 시작해, 프리미엄 리포트와 AI 포트폴리오 서비스로 업셀 성공

- **교차판매(Cross-Selling)**: 연관된 제품이나 서비스를 추가 제안해 매출을 확장하는 전략

'추가 판매'가 아니라 문제 해결의 확장으로 보이게 하는 것

- 방법

고객 여정에서 발생하는 연관 Pain Point 파악

보완적 제품·서비스를 번들 또는 세트로 구성

- 사례

스파르타코딩클럽(Sparta Coding Club): 입문반 수강생에게 실전 프로젝트·취업반을 연계해 고객 생애가치(LTV)를 확장했습니다.

Grow 전략은 기존 고객을 대상으로 추가 매출 기회를 발굴하고, 그들을 우리의 옹호자(advocate)로 전환하는 과정입니다.

핵심은 고객의 니즈를 정확히 파악하고, 그들의 기대를 '조금 더 넘는 가치'를 설계하는 일입니다.

요즘은 브랜딩, 마케팅 관련 콘텐츠가 넘쳐납니다.

각자의 방법론과 툴이 개성 있게 발전했고, 그것만 따라 하면 금세 성과가 날 것 같은 착각도 생깁니다.

하지만 마케팅의 본질은 기술이 아니라 진심 어린 문제 해결입니다.

어떤 마케팅도 '좋은 제품'과 '진정한 고객 가치'를 대체할 수는 없습

　　　　　　　　　　　스토리의 과학으로 사업계획을 설계하라

니다. 결국 고객에게 깊이 스며든 가치제안이 기업을 성장시키고, 수익을 지속시키는 유일한 엔진입니다.

성장의 끝에는 반드시 성과(performance)와 이행(traction)이 따라야 합니다.

다음 장에서는 이러한 성장 전략이 어떻게 '성과로 전환되고', '실제 마일스톤으로 관리되는지' 살펴보겠습니다.

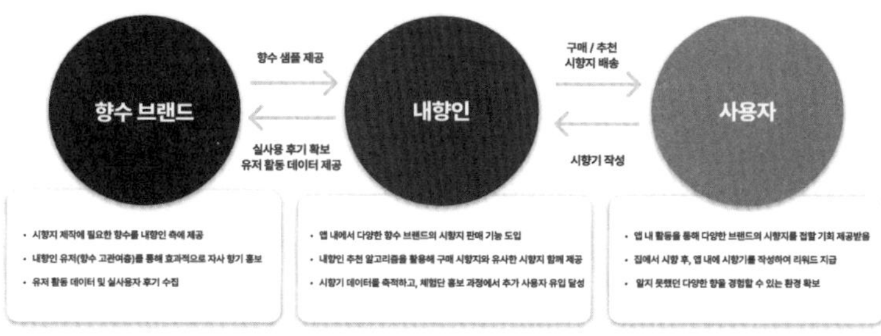

초기 유저 유입을 위해 시행 중인 주요 전략들

서포터즈 및 향수 동아리 협업과 래플 기능, 최신소식 발행을 통해 초기 코어 유저 유입을 촉진하고 리뷰 작성과 리텐션을 활성화

서포터즈 운영 및 향수 동아리와의
협업 시향 프로젝트

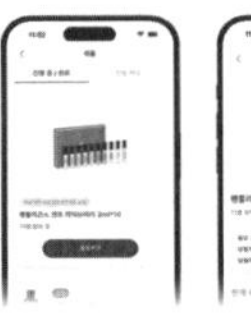

앱 내 활동 포인트로 참여하는
이벤트 및 게이미피케이션 기능 도입

앱 / SNS를 통한 주기적 향수 관련 정보 큐레이션

이러한 전략을 통해 다운로드, 가입자 수, 시향기를 효율적으로 축적하고, 리텐션률 상승을 달성

향조 및 브랜드 분석 데이터 제공을 통한 초기 입점 유도

국내 소비자 데이터 부족이라는 브랜드 측 페인포인트를 해결하고, 데이터 리포트와 홍보·수수료 혜택을 결합한 입점 전략

초기 입점 패키지는 국내 소비자 데이터를 기반으로 한 향조 선호도 및
제품별 반응 리포트 제공을 메인으로 하며, 이는 브랜드 입점 유도를
위한 핵심 가치로 작용

유저 행동 데이터를 포함한 이 리포트는 정기적으로 제공되어 브랜드
가 마케팅과 신제품 개발에 활용할 인사이트를 지속적으로 확보할 수
있으며, 동시에 앱 내 프로모션 노출 기회와 수수료 인센티브를 결합해
브랜드의 초기 입점을 유도할 예정

다양한 브랜드와의 지속적 네트워킹을 통해, 소비자 향조 선호도 데이터 등의
부족으로 마케팅과 신제품 개발에 어려움을 겪고 있다는 브랜드 측 페인포인트 확인

소비자 데이터 리포트를 메인으로 한 초기 입점 패키지 제공

[그림 49] '내향인' 전략스토리 예시

   스토리의 과학으로 사업계획을 설계하라

5장
성과와 트랙션(Traction)

성과 공유: 스토리로 말하는 데이터

스타트업의 이야기는 결국 "결과로 증명되는 이야기"입니다.

하지만 여기서 말하는 '결과'는 단순한 숫자가 아닙니다.

매출이 늘었다거나, 사용자가 많아졌다는 말만으로는 부족합니다. 투자자는 그 숫자가 '어떻게 만들어졌는지', 즉 트랙션(traction)을 봅니다.

트랙션이란, 시장에서 실제로 굴러가고 있음을 보여주는 '움직임의 증거'입니다.

이번 장에서는 그 움직임을 '성과'로 정리하고, 그것이 어떻게 미래의 계획으로 이어지는지를 살펴봅니다.

■ 성과공유

성과 공유는 숫자를 나열하는 보고가 아니라, "무엇을 실험했고, 그 결과 시장이 어떻게 반응했는가"를 설명하는 과정입니다.

고객 반응, 매출, 기술 성취, 파트너십 등은 모두 스토리의 일부입니다.

중요한 건 '얼마'보다 '왜 그렇게 되었는가'입니다.

- **고객 반응**: 사용자 수나 후기뿐 아니라, 사용자가 왜 반응했는지를 분석해 전달합니다.
- **매출 지표**: 매출 성장률보다 성장의 계기(채널, 전략, 시점)를 함께 설명합니다.
- **기술 개발**: 기술의 완성보다 '시장 검증(PoC)'까지의 경로를 보여줍니다.
- **시장 진입**: 단순 진출이 아니라, 첫 파트너십이 어떻게 이루어졌는지 이야기로 풀어냅니다.

성과 장표를 만들 때는 단순히 수치를 배열하지 말고 '변곡점의 이유'를 함께 텔링할 준비를 해야 합니다.

그래프와 숫자가 어디에서, 어떻게 변했는지를 설명할 수 있다면 여러분의 데이터는 보고서가 아니라 이야기가 됩니다.

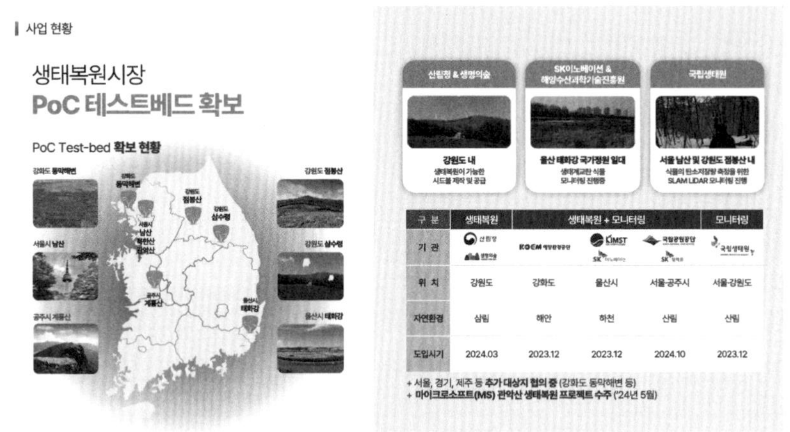

[그림 50] '인배랩' POC를 통한 시장진입 장표

　스토리의 과학으로 사업계획을 설계하라

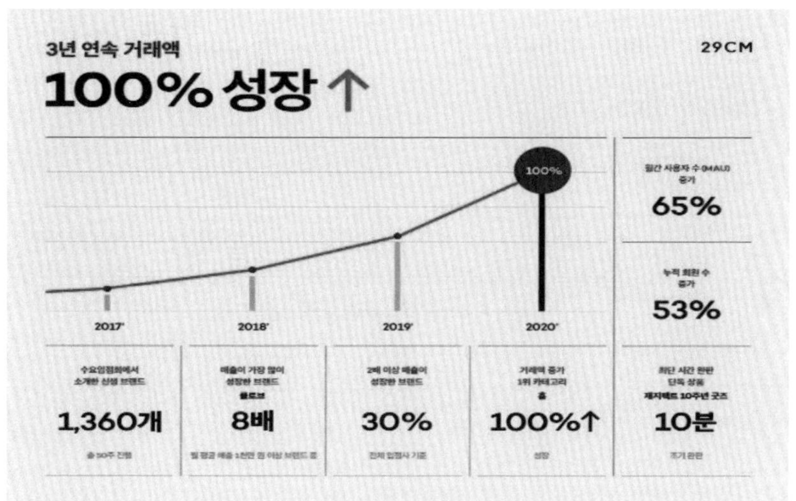

[그림 51] '29cm' 성과공유 장표

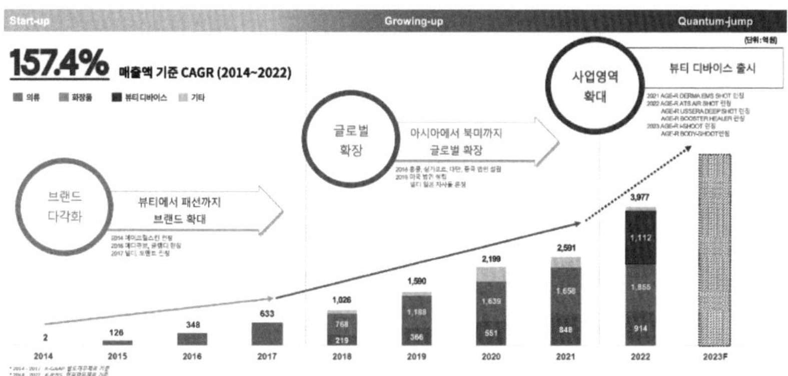

[그림 52] 'APR' 성과공유 장표

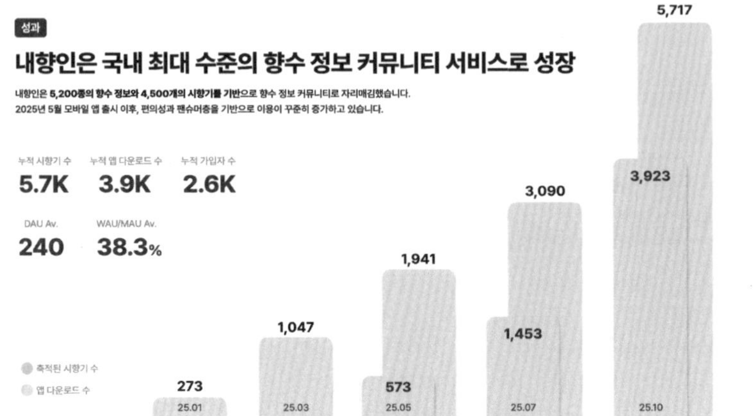

[그림 53] '내향인' 성과공유 예시

스토리의 과학으로 사업계획을 설계하라

계획 공유: 움직임이 보이는 그림

계획이란 단어는 '셀 계(計)'자를 씁니다.

즉, 세고 헤아릴 수 있어야 진짜 계획이 됩니다. 목표가 추상적이라면, 그것은 다짐에 머무르게 됩니다. 그래서 우리는 시간·절차·지표로 이루어진 측정 가능한 계획을 세워야 합니다.

- **시간적 목표**: 단기(3개월), 중기(6개월~1년), 장기(1년 이상)
- **절차적 목표**: 각 단계별 필요한 자원과 실행 항목
- **정량적 지표**: 기술 개발 마일스톤, 매출·고객 확보 목표 등

우리는 자료안에 분기별, 년도별 실행할 항목을 보여주고 세부내용을 소개해야 합니다. 변화를 만드는 요인이나 목표수치 등을 잘 제시하여 청중이 그래프를 통해 미래를 상상할 수 있도록 도와줘야 하는 것입니다.

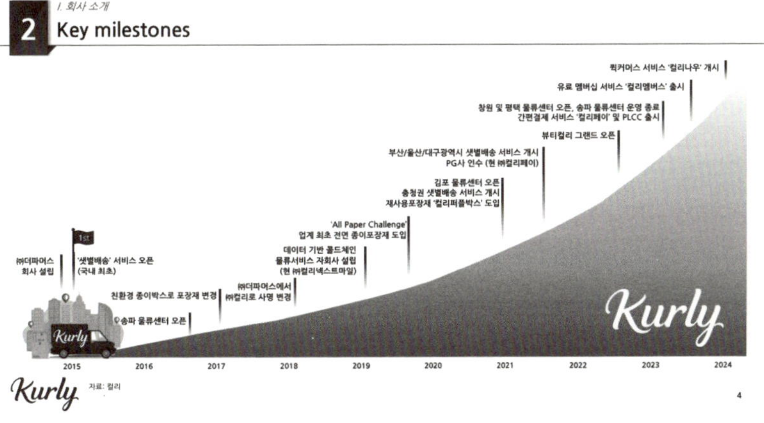

[그림 54] '컬리' 마일스톤 장표

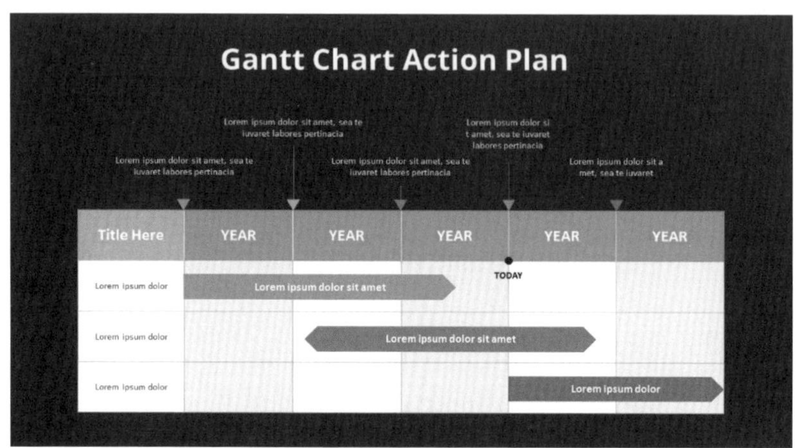

[그림 55] 액션플랜 간트차트 디자인 예시(출처: Slide members)

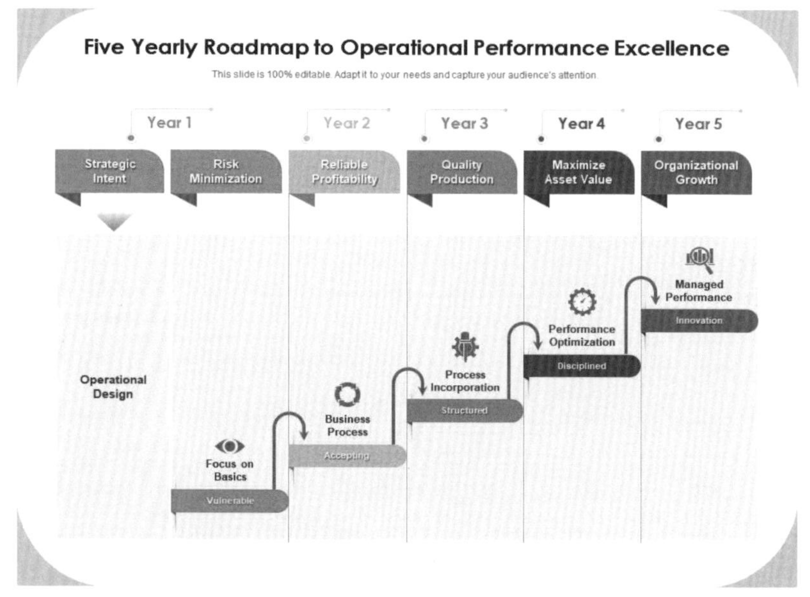

[그림 56] 로드맵 디자인 예시(출처: Slide teams)

     스토리의 과학으로 사업계획을 설계하라

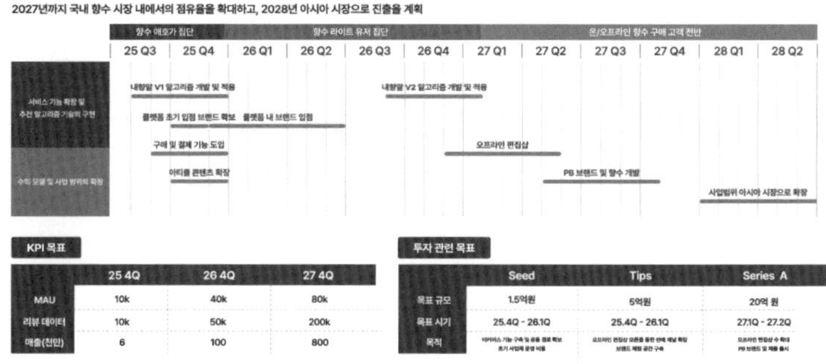

KPI 목표	25 4Q	26 4Q	27 4Q
MAU	10k	40k	80k
리뷰 데이터	10k	50k	200k
매출(천만)	6	100	800

투자 관련 목표	Seed	Tips	Series A
목표 규모	1.5억원	5억원	20억 원
목표 시기	25.4Q - 26.1Q	25.4Q - 26.1Q	27.1Q - 27.2Q
목적	이커머스 기능 구축 및 유통 경로 확보 초기 사업체 운영 비용	오프라인 편집샵 오픈을 통한 판매 채널 확장 브랜드 체험 공간 구축	오프라인 편집샵 수 확대 PB 브랜드 및 제품 출시

[그림 57] '내향인'의 액션플랜

· **간트차트**:

분기별 또는 월별 주요 활동과 마일스톤을 한눈에 파악할 수 있도록 시각화

· **로드맵**:

연도별로 목표하는 주요 이벤트와 결과물을 배치해 전체 흐름 시각화

· **그래프 및 데이터 시각화**:

매출 증가, 고객 확보, 기술 개발 진척 상황 등 핵심 지표를 그래프로 표현, 변곡점을 강조하여 특정 시점의 변화 요인과 목표 수치를 설명

재무계획과 투자유치 계획은 청중(특히 투자자)에게 신뢰를 주는 또 하나의 장치입니다. 이 부분에서 만들어진 숫자의 이유와 논리, 그 속에 담긴 전략적 사고는 청중의 마음속 방향을 결정합니다.

그래서 재무계획을 말할 때 중요한 것은 '얼마가 필요하다'가 아니라, '왜 그만큼이 필요한가', '그 돈이 어떤 변화를 일으킬 것인가'입니다.

투자자는 단순한 자금 제공자가 아닙니다.

그들은 자본의 흐름을 통해 팀의 사고력, 실행력, 그리고 시장 감각을 판단합니다.

따라서 숫자를 보여주는 것보다, 그 숫자가 움직이는 이유를 설명하는 것이 설득의 핵심입니다.

▶ 핵심 구성 포인트

· 현재 자금 사용 내역

지금까지의 자금이 어디에, 어떤 비율로 사용되었는지 간결히 공유합니다.

(예: 기술개발 55%, 인력운영 30%, 마케팅 15%)

예: "우리는 초기 단계에서 기술 완성도를 확보하는 데 집중했습니다."

· 향후 투자 필요성과 사용 계획

단순히 "2억 원을 추가로 유치하겠다"가 아니라, "이 2억 원으로 무엇이 가능해지는가"를 이야기해야 합니다.

예: "추가 투자금은 AI 모델 고도화와 글로벌 PoC에 집중 투입될 예정입니다."

· 성과 예측 및 ROI 시뮬레이션

투자금이 투입된 후 어떤 수익 곡선을 그릴지 구체적 예측을 제시합니다.

CAC(고객획득비용), LTV(고객생애가치), BEP(손익분기점), ROI(투자수익률) 등 기본 지표를 연결해 성장 스토리를 보여 줍니다.

단, 단기 매출보다 "지속 가능한 수익 구조"를 강조하는 것이 좋습니다.

[그림 58] 투자금사용 파이차트 예시

(출처: https://www.basetemplates.com/)

▶ 활용가능 시각자료 유형

· 파이차트: 자금 사용 비율(예: 개발 · 운영 · 마케팅 · 인력)

· 라인그래프: 투자금 투입 후 예상 매출 및 고객 증가 추이

6장
팀과 실행력

팀소개: 사람에서 실행이 시작된다

많은 팀이 '팀 소개'를 단순히 구성원 소개로 생각합니다.

하지만 투자자들은 팀의 맨파워도 관심있게 봅니다.

Harvard Business Review의 연구에 따르면, VC들은 투자 판단 시 "팀의 역량(Execution Capability)"을 가장 핵심 요소로 꼽습니다.

Google, Apple, Amazon 같은 기업도 모두 초기의 '강력한 팀'이 있었기에 오늘의 자리에 올 수 있었습니다.

현재 팀원이 많고 적은 것은 본질이 아닙니다.

평가자는 "지금 이 팀이 앞으로의 과업을 수행할 역량이 있는가"를 봅니다.

만약 그렇지 않다면, 어떤 방식으로 밸류체인을 완성할 것인지, 파트너십을 활용하는지, 채용 계획은 있는지, 그 '보완 전략'을 묻습니다.

저는 팀 소개 페이지를 인적 자원을 확보하고 활용하는 능력이 드러나는 공간이라 설명합니다.

   스토리의 과학으로 사업계획을 설계하라

이 한 장에는 세 가지가 보여야 합니다.

■ 실행력(Execution Capability)

스타트업의 성공은 아이디어보다 실행력에 달려 있습니다.

실행력이란 단순히 아이디어를 실현하는 능력뿐 아니라, 문제를 해결하고 결과를 만들어내는 팀의 태도와 응집력을 말합니다.

◆ 주요 구성 요소

- 팀원 개개인의 실무 경험과 전문성

- 과거 유사 프로젝트의 성과와 문제 해결력

- 대표자의 리더십과 기획력

· **투자자 관점**

투자자는 창업자가 새로운 영역에 도전하더라도, 문제를 끝까지 해결하려는 태도와 구체적 실행 계획이 있는지를 봅니다. 기술적 전문성과 유사 프로젝트 경험은 '실행력의 신뢰도'를 높이는 지표입니다.

· **제시 방식**

- 주요 프로젝트 사례 및 성과 요약

- 핵심 팀원의 역할과 강점 요약

- "우리는 이런 문제를 이렇게 해결했다"는 짧은 스토리

■ 역할과 책임(Roles & Responsibilities)

스타트업의 조직도는 단순한 역할표가 아닙니다.

각 구성원이 핵심 기능을 수행할 준비가 되어 있는지, 그리고 조직이 유기적으로 움직일 수 있는지를 보여 주는 전략입니다.

◆ 주요 구성 요소

- 각 팀원의 역할과 책임(R&R) 명확히 정의

- 팀원의 핵심 기술 및 전문 영역

- 부족한 인력에 대한 보완 또는 채용 계획

· **투자자 관점**

투자자는 스타트업이 성장 단계별로 필요한 역량을 채울 준비가 되어 있는지를 봅니다.

특히 중요한 직무가 공석이라면, 그 자리를 어떻게 메울지에 대한 대안이 필수입니다.

· **제시 방식**

- 핵심 직무 중심의 조직도로 디자인(기획 · 개발 · 마케팅 · 운영 등)

- 각 팀원이 프로젝트에 기여하는 역할을 시각화

- "현재 팀 구조의 빈틈을 이렇게 채울 예정이다"는 한 줄 설명

    스토리의 과학으로 사업계획을 설계하라

■ 네트워크와 외부 자원(Network & External Resources)

스타트업은 제한된 자원으로 최대의 성과를 내야 합니다.

이때 외부 네트워크와 파트너십을 전략적으로 활용하는 능력이 경쟁력을 만듭니다.

◆ 주요 구성 요소

- 회사가 보유한 네트워크 및 협력 파트너

- 연구기관, 자문단, 생산·유통 파트너 현황

- 향후 확보해야 할 외부 자원 및 협력 계획

· 투자자 관점

네트워크의 핵심은 "얼마나 실제 사업에 도움이 되느냐"입니다.

기술 검증, 생산 협력, 시장 진출 등에서 실질적 성과를 보여주는 것이 중요합니다.

· 제시 방식

- 주요 파트너와 협력 성과

- R&D, 법률, 마케팅 등 외부 지원 활용 사례

- 향후 확장 시 필요한 제휴 계획

[그림 59] 향수어플 '내향인' 초기팀 소개 페이지 예시

스토리의 과학으로 사업계획을 설계하라

미션과 비전: 기업의 방향을 말하다

미션이나 비전 없이 기업을 운영한다는 것은 목적지 없는 여행과 같습니다. 이 둘은 기업이 끊임없이 가치 제안을 이어가게 하는 원동력이며, 전략과 실행의 나침반이 됩니다.

미션과 비전은 종종 혼동되지만, 서로 다른 의미를 가집니다.

미션과 비전을 혼동하기 쉽지만, 이 개념 사이에는 상당한 차이가 있습니다.

미션(Mission): 지금 우리가 '왜 존재하는가'를 설명하는 선언
비전(Vision): '어떤 모습이 되고자 하는가'를 그리는 약속

오늘의 집의 미션은 '공간을 통해 모든 사람들의 삶을 바꾸는 혁신'이었고. Google은 "organize the world's information(전세계의 정보를 정리하다)"였습니다. The New York Times는 "seek the truth and help people understand the world(진실을 추구하고 사람들이 세상을 이해하도록 돕습니다)"라고 미션을 밝히고 있습니다.

이런 문장을 보면, 조직 구성원과 고객 모두가 "이 회사가 무엇을 위해 존재하는가"를 단번에 이해할 수 있습니다.

비전은 기업이 향하는 미래의 상태를 그립니다.

Netflix는 "To entertain the world"라는 미션 아래 "The best global entertainment distribution service"라는 비전을 제시했습니다.

DVD 대여 서비스에서 세계적인 스트리밍 플랫폼으로 도약한 그들의 성장에는 명확한 비전이 방향을 제시했습니다.

더 쉽게 요약하면 다음과 같습니다.

미션: 우리가 세상에 어떤 영향을 주려 하는가
비전: 우리가 궁극적으로 어떤 회사가 되고자 하는가

저는 오프닝과 클로징에서 미션과 비전을 꼭 전달하도록 제언합니다. 미션은 IR 자료의 첫 장에서, 비전은 마지막 장에서 기업의 방향성과 결심을 상징적으로 보여줄 수 있습니다.

단 한 문장이라도 좋습니다.

그 문장이 청중에게 "이 팀은 어디로 가는지, 왜 가는지"를 납득시킬 수 있다면, 그것이 바로 좋은 미션·비전입니다.

   스토리의 과학으로 사업계획을 설계하라

3부

무대 위의 딜리버리 (Delivery)

1장

잘 들리는 구조, 보이는 말하기: 딜리버리 스킬

"훌륭한 대사는 명료하면서 저속하지 않다. 반면 색다른 대사는 평범을 벗어나 신선하고 장엄하다."

– 아리스토텔레스 '시학'

매력적인 발표는 잘 들리고, 잘 기억됩니다.

마치 맛있고 소화도 잘되는 음식처럼, 좋은 발표에는 공통된 비결이 있습니다.

이번 장에서는 스타트업 씬에서 흔히 '피칭(Pitching)' 또는 '딜리버리(Delivery)'라 불리고, 대중적으로 '발표·스피치'라고 불리는 말의 전달력에 대해 이야기하려 합니다.

말을 잘 전달하는 정답 공식은 없습니다.

하지만 많은 연구와 경험을 통해 검증된 원칙과 루틴은 분명 존재합니다. 그 원칙을 자신의 말하기 습관에 맞게 훈련한다면, 누구나 전달력을 끌어올릴 수 있습니다.

지식이 많다고 스피치를 잘 하는 것도 아니며, 발음이 좋다고 발표가 완벽해지는 것은 아닙니다. 지식은 적절한 어휘와 예시를 선택하게 해 주는 힘이고, 발음은 내용을 명확히 들리게 만드는 기술입니다.

또한 우리는 아나운서도, 전문 MC도 아닙니다. 청중은 화려한 퍼포먼스보다 명료함과 신뢰감을 원합니다. 그러니 '잘 보이는 말하기'보다 '잘 전달되고, 잘 기억되는 말하기'에 집중해야 합니다.

딜리버리 스킬을 향상시키는 일은 단순히 말솜씨를 높이는 일이 아닙니다. 그것은 기업과 아이템을 조금 더 매력적으로, 조금 더 설득력 있게 보이게 만드는 멋진 도전입니다.

발음과 음성: 전달의 첫 스타트

발음과 음성은 발표의 첫 인상을 만듭니다. 명확한 소리와 안정된 톤은 청중에게 신뢰의 시작점이 됩니다.

청중은 단어의 의미보다 먼저 소리의 질감을 듣기 때문에 명확한 발음은 "이 사람의 말은 믿을 만하다"는 인식을 만들어줍니다. 반대로 불분명한 발음은 메시지의 신뢰도를 떨어뜨리고, 발표자의 자신감마저 약해 보이게 합니다.

발음의 평가는 정확성(accuracy)과 유창성(fluency) 두 가지 기준으로 나뉩니다.

정확성(accuracy)은 자음과 모음, 억양과 강세를 명료하게 구사하는 능력입니다.

표준어를 기준으로 한 분절음(자음·모음)과 초분절음(억양·장단·강세)의 일관성이 핵심입니다.

이 영역은 시간을 들여 훈련이 가능한 영역입니다.

유창성(fluency)은 말의 흐름이 끊기지 않고 자연스럽게 이어지는 정도를 뜻합니다. 더듬거림, 불필요한 휴지(pause), 일정하지 않은 속도는 전달력을 떨어뜨립니다.

유창성은 내용을 '암기'하기보다 '이해'하고 말할 때 자연스럽게 생깁니다.

발음과 유창성은 준비된 발표자만이 보여줄 수 있는 기본기입니다. 발표자료의 구조와 핵심 메시지를 완벽히 이해하고 있다면, 말의 속도·강약·억양 같은 다양한 스킬을 훨씬 자연스럽게 시도할 수 있습니다.

     스토리의 과학으로 사업계획을 설계하라

비즈니스 발표에서 음성(voice)은 메시지의 첫인상에 영향을 줍니다. 청중은 발표자의 목소리 온도를 느낍니다. 냉소적이거나 단조로운 목소리는 몰입을 방해하고, 따뜻하고 안정된 목소리는 신뢰를 빠르게 형성합니다.

좋은 목소리는 타고날 때도 많지만 감정과 태도를 어떻게 조율하느냐가 목소리의 질감을 바꾸기도 합니다.

■ 자주 나타나는 음성 문제와 해결법

① 너무 작은 목소리

청중이 내용을 듣지 못하면 메시지는 사라진 것이나 다름없습니다. 복식호흡으로 울림을 확보하고, 단순히 크기가 아니라 또렷하게 들리는 소리를 목표로 해야 합니다.

② 냉소적·공격적인 톤

부정적인 톤은 청중의 무의식 속에 방어 반응을 일으킵니다.

청중을 까다로운 평가자가 아니라, 친근한 고객으로 상상해도 좋습니다. 감정의 프레임이 바뀌면 목소리의 온도도 달라지기 때문입니다.

③ 너무 낮거나 높은 톤

너무 낮은 목소리는 우울하게, 너무 높은 목소리는 가볍게 들립니다. 자신의 음성을 녹음해 들으며 자연스럽고 편안한 중간 톤을 찾으면 좋습니다. 이 톤이 바로 교감의 음역대입니다.

④ 단조롭고 늘어지는 속도

음의 높낮이가 거의 없는 단조로운 말투는 청중의 집중을 분산시킵니다. 강약과 속도, 그리고 포즈(pause)의 리듬을 활용해야 합니다.

한 문장 안에서도 '빠르게-멈춤-느리게'의 리듬을 주면 청중의 뇌는 계속해서 귀를 기울이게 됩니다.

■ 목소리를 빠르게 개선하는 루틴

긍정적 감정으로 말하기: 미소를 짓고 발표하면 목소리의 울림이 달라집니다.

안정된 소리 찾기: 깊게 숨을 들이마시고, 길게 내뱉으며 배에 일정한 공명으로 말하는 연습이 필요합니다.

말끝을 흐리지 않기: 어미를 명확히 발음하면 문장의 완성도가 올라갑니다.

녹음과 피드백 활용: 자신의 발표를 녹음해 들어보는 것만큼 빠른 개선법은 없습니다.

　　　　　　　　스토리의 과학으로 사업계획을 설계하라

짧게 말하기: 기억은 길이를 싫어한다

길게 말하는 사람보다 짧게 말할 줄 아는 사람이 더 설득력 있습니다.

청중의 뇌는 긴 문장을 견디지 못합니다. 정보가 길어질수록 뇌는 인지 부하를 느끼고, 결국 내용을 포기하거나 일부만 남겨버립니다.

로이드 피터슨과 마가렛 피터슨(Lloyd Peterson & Margaret Peterson, 1959)의 고전 연구에 따르면, 인간의 단기 기억은 약 10~20초 동안만 유지됩니다. 최근 연구에서는 이마저도 줄어들어, 한 번에 기억할 수 있는 단어의 수가 평균 3~4개에 불과하다고 합니다.

즉, 긴 문장은 그 자체로 기억을 방해하는 구조입니다.

발표 현장에서 청중이 가장 피로를 느끼는 순간은 '무엇을 말하려는지 감이 잡히지 않을 때'입니다.

그 순간 청중의 집중력은 급격히 떨어집니다.

그래서 짧게, 명확하게, 단계적으로 말하는 것은 단순한 스킬이 아니라 과학적 설득법입니다.

짧게 말하기의 기본 원칙은 세 가지입니다.

▶ 한 문장에 한 가지 메시지만 담기.

문장 안에 여러 내용을 넣으면 논점이 흐려집니다.

문장마다 전하고 싶은 핵심을 하나로 압축해야 합니다.

▶ **핵심에서 시작하고, 세부를 나중에 말하기.**

앞부분에서 결론을 제시하면 청중은 그 다음 설명을 '이해'가 아닌 '확인'의 마음으로 듣게 됩니다.

이때 설득력은 한층 높아집니다.

▶ **시각 자료나 도표로 보조하기.**

모든 내용을 말로 설명할 필요는 없습니다.

시각 자료는 뇌의 부담을 줄이고, 메시지를 더 오래 기억하게 돕습니다.

예를 들어, 실제 초기 스타트업의 피칭에서 흔히 들을 수 있는 문장을 보겠습니다.

"저희가 이 서비스를 개발했을 때는 친구가 애견을 키우며 외출때마다 걱정을 하거나 검색을 하면서 불편을 겪는 모습을 보고 애견 동반 장소를 찾기 어렵다는 문제를 발견하게 되었고, 이후에 6개월간 애견인을 관찰하고 실제로 여러 업체를 방문하면서 데이터를 직접 수집했습니다."

이 문장은 하나의 메시지 안에 너무 많은 이야기를 담고 있습니다.

이를 짧게 바꾸면 이렇게 됩니다.

"저희는 2,000만 애견인이 '지금 갈 곳'을 한 번에 찾을 수 있어야 한다고 생각했습니다."

불필요한 서술을 걷어내면 핵심이 또렷해지고, 청중은 당신의 문장을 이해하는 대신 기억하게 됩니다.

짧게 말하기는 단순히 문장을 줄이는 일이 아닙니다.

핵심만 남기고, 나머지를 과감히 비워내는 기술입니다.

　　　　　　　　　　스토리의 과학으로 사업계획을 설계하라

뇌는 '여백'을 좋아합니다.

그 여백 속에서 청중은 스스로 생각하고, 그때 메시지는 비로소 자신만의 언어로 저장됩니다. 결국 짧은 문장은 단순함이 아니라 기억의 구조화이며, 명확한 문장은 설득의 재료입니다.

두괄식 말하기: 집중의 첫 5초

청중의 집중력은 생각보다 짧습니다.

연구에 따르면, 청중의 주의는 발표 시작 후 5초 이내에 결정되고, 그 이후에는 점차 떨어집니다.

즉, 첫 5초 동안 무엇을 말하느냐가 발표 전체의 인상을 좌우합니다.

두괄식은 핵심 메시지를 문장 맨 앞에 배치하고, 그 이유와 근거, 예시를 뒤에서 덧붙이는 구조입니다. 결론부터 말하면 청중은 이후의 설명을 더 빠르게 이해합니다. 반대로 미괄식(결론을 마지막에 두는 방식)은 긴장감은 줄 수 있지만, 시간이 제한된 IR 피칭이나 보고 상황에서는 불리합니다.

같은 이야기라도 핵심이 앞에 오면, 청중은 그다음 내용을 "이유"로 인식하며 자연스럽게 집중합니다.

두괄식 말하기의 대표적인 구성 공식은 다음 두 가지입니다.

▶ **PREP 구조**: Point(결론) → Reason(이유) → Example(사례) → Point(재강조)

▶ **SDS 구조**: Summary(요약) → Detail(세부설명) → Summary(마무리요약)

이 두 가지는 기업 보고, IR 피칭, 회의 제안 등 시간이 제한된 모든 커뮤니케이션에서 유용합니다.

  스토리의 과학으로 사업계획을 설계하라

기존: "저희는 IOT 동아리 활동을 하다가 어둠속 CCTV의 한계라는 기사를 접했습니다. 기사를 접한 저희는 우리가 공부하는 기술로 세상을 안전하게 하자는 동기를 가졌습니다. 그래서…"

개선: "저희는 어두운 환경에서도 객체를 선명하게 인식하는 CCTV를 개발해보자고 뭉쳤습니다."

두괄식의 핵심은 '정리'입니다. 모든 내용을 잘 말하려 하기보다, "이 발표에서 무엇이 가장 중요한가"를 선명히 세우는 것이 먼저입니다.

그리고 그 문장을 맨 앞에 두십시오.

그 한 문장이 청중의 머릿속에 남는 대표 문장(Anchor Sentence)이 되어, 발표가 끝난 뒤에도 기억 속에서 계속 반복될 것입니다.

강조와 포즈(Pause): 중요한 순간을 비추는 스포트라이트

말하기 고수들이 즐겨 사용하는 딜리버리 기술 중 하나는 바로 강조와 포즈 기법입니다. 이 두 가지는 평범한 문장을 특별하게 만들고, 청중의 주의를 집중시키며, 메시지에 힘과 여운을 부여합니다.

■ 강조: 말의 무게를 조절하기

강조는 청중에게 "이 부분이 중요합니다"라는 신호를 보내는 기술입니다.

단어를 크게, 혹은 천천히, 때로는 짧게 끊어 말하기만으로도 청중의 집중 포인트를 바꿀 수 있습니다.

예를 들어,

"우리의 차별점은 **다. 회. 성(늘여말하기)**이라는 것입니다. ○○ 업계에서 유일하게 **가성비를(목소리를 높여)** 목표로 한 제품입니다."

강조의 목적은 소리를 키우는 것이 아니라, 의미의 무게 중심을 이동시키는 것입니다. 어떤 단어에 힘을 주느냐에 따라 문장의 뉘앙스가 완전히 달라집니다.

또한 강조는 감정의 농도를 조절하는 역할도 합니다.

차분한 톤 속의 단 한 번의 강조는 청중의 뇌에 '이 단어를 기억하라'는 신호를 남깁니다.

■ 포즈: 여운을 남기는 말의 쉼표

포즈(Pause)는 강조를 한층 더 빛나게 하는 드라마틱한 연출 방법입니다. 포즈는 말의 흐름 속에서 잠깐의 정적을 이용해 청중의 주의를 집중시키는 기술입니다.

잘 사용된 포즈는 문장을 더 명료하게 하고, 메시지에 힘을 실어줍니다.

예를 들어,

"저희는 V 2,000명의 고객 데이터를 직접 분석했습니다. 그 결과, V 핵심 문제는 V 유지율이었습니다."(V표시에서 쉼)

음악에서 쉼표가 없으면 리듬이 지루해지듯, 말에서도 포즈는 리듬을 만듭니다. 잘 배치된 멈춤은 발표를 안정감 있게 만들어 주고, 메시지에 '생각의 여백'을 더합니다.

간투사보다 브릿지 코멘트(Bridge Comment)

포즈를 사용할 때 주의해야 할 점도 있습니다. 멈춤을 불안하게 느껴 "음…", "어…", "이제…" 같은 간투사(Filler Word)로 채우는 습관입니다.

이런 습관은 청중의 집중에 방해 요소가 될 수 있습니다.

간투사를 대신해

"자, 그렇다면…"

"다시 말하자면…"

과 같은 표현으로 다음 이야기로 연결된다면 청중에게 생각할 시간을 주면서 자연스럽게 메시지를 이동시켜줍니다.

브릿지 코멘트(Bridge Comment)는 발표의 흐름을 자연스럽게 이어주는 짧은 연결 문장이라는 뜻입니다. 브릿지 코멘트는 주제를 전환하거나 강조할 포인트를 연결할 때 유용합니다.

- **주제 전환**: "이와 관련된 또 다른 이슈는…"
- **강조**: "지금까지는 문제의 일부였습니다. 진짜는…"
- **내용 정리**: "정성적 분석을 살펴보았다면, 이제 정량적 데이터를 보겠습니다."

브리지 코멘트는 청중이 발표의 방향을 따라가기 쉽게 만들고, 발표자가 준비된 사람이라는 인상을 줍니다.

기억장치를 건드리는 대사 만들기

■ 대조법과 대구법

문장이 단조롭게 들릴 때, 청중의 주의를 끌 수 있는 가장 간단한 방법이 있습니다. 바로 대조법과 대구법입니다.

이 두 가지는 말의 리듬을 설계하는 스피치 스킬로, 청중의 뇌가 "패턴"을 인식하도록 도와줍니다.

▶ 대조법(Contrast): 강약의 대비로 청중의 귀를 멈추게 함.

서로 반대되는 개념을 한 문장 안에 배치하면, 청중은 그 '차이'를 감지하며 집중하게 됩니다.

"그들은 고립을 택했지만, 혼자이고 싶지 않았습니다."

"성장은 빨랐지만, 방향이 틀렸습니다."

이처럼 대비는 메시지를 선명하게 하고, 문장에 힘과 여운을 남깁니다.

짧은 피칭 문장일수록 대조의 효과는 더욱 큽니다.

"우리는 기술을 만들지만, 팔고 싶은 건 안심입니다."

대조는 논리와 감정, 숫자와 사람, 기술과 가치처럼 서로 다른 두 요소를 한 문장 안에 포개어 청중의 사고를 단번에 자극합니다.

▶ 대구법(Parallelism): 반복의 리듬으로 문장을 각인.

대구법은 비슷한 구조나 어미를 반복해 문장에 리듬을 부여하는 기술입니다. 반복은 단순하지만, 뇌가 가장 쉽게 인식하는 구조입니다.

"인생은 짧고 예술은 길다."

"낮말은 새가 듣고, 밤말은 쥐가 듣는다."

이처럼 반복의 구조는 청중의 귀에 '운율'을 남깁니다.

피칭에서도 대구법은 짧고 강렬한 인상을 주기에 유용합니다.

"당근마켓은 물건으로 이웃을 연결하고, 우리는 취향으로 사람을 연결합니다."

대구법의 핵심은 균형감입니다. 문장의 길이와 어미를 일정하게 맞추면 논리가 정돈되어 보이고, 말의 리듬이 안정감을 줍니다. 대구법에서의 반복은 단순함이 아니라, 기억의 리듬을 만드는 스킬입니다.

■ 비유법

비유법은 문장이나 연설 등을 풍부하게 해주는 기법입니다. 비유기법은 고대 그리스·로마 시대부터 수사학의 중심에 있었던 역사 깊은 표현 도구입니다.

스타트업 IR 발표에서 가장 중요한 것은 청중의 머릿속에 명확한 그림을 그려주고, 메시지를 오래 기억하게 하는 것입니다. 이때 유용한 도구가 바로 직유(Simile)와 은유(Metaphor), 그리고 아날로지(Analogy)입니다.

▶ 직유(Simile): 익숙한 비교로 이해를 도움

직유는 '마치~와 같다'처럼 비슷한 성질이나 모양을 직접적으로 빗대어 표현하는 방법입니다. 은유보다 이해하기 쉽고 친숙해, 복잡한 개념이나 어려운 상황을 설명할 때 유용합니다.

"우리 제품의 질감은 마치 아기의 피부처럼 부드럽습니다."

 스토리의 과학으로 사업계획을 설계하라

"이 기능이 없는 것은 마치 핸들 없는 자동차를 운전하는 것과 같습니다."

직유는 복잡한 개념을 쉽게 풀어주며, 청중이 내용을 빠르게 이해하도록 돕습니다. 그래서 기술적 개념이나 시장의 문제를 설명할 때 효과적입니다.

▶ 은유(Metaphor): 상상력을 자극하는 강렬한 표현

은유는 직유보다 한층 세련된 표현 기법으로, 말하고자 하는 바를 직접 말하지 않고 직접적으로 빗대어 표현하는 방법입니다. 청중에게 새로운 관점을 제시하고 메시지를 오래 기억하게 하는 효과가 있습니다.

보통 "A는 B다" 형식으로 사용되며, 직접적 대입으로 청중의 상상력을 자극해 메시지를 강렬하게 전달합니다.

"우리 제품은 개발 시장의 silver bullet입니다."

"이 서비스는 고객 경험의 가속 페달입니다."

은유는 비전이나 제품의 차별성을 강조할 때 적합합니다. 단, 지나치게 난해하거나 과장된 표현은 피해야 합니다.

▶ 아날로지(Analogy): 구조적 유사성으로 논리를 만듦

아날로지는 논리적인 비유입니다. 구조나 기능의 유사성을 이용해 복잡한 개념을 쉽게 설명합니다. 논리적 설명이나 추상적인 개념을 쉽게 구체화하여 독자의 이해를 돕기 때문에 복잡한 기술적 특징을 설명하거나, 시장의 문제를 이해시키는 데 효과적입니다.

"DNA가 생명의 청사진이라면, 우리의 데이터 구조는 비즈니스의 설

계도입니다.”

▶ 활용 방법

직유: 청중이 처음 듣는 개념을 빠르게 이해시키고 싶을 때.

은유: 메시지를 감각적으로, 강렬하게 전달하고 싶을 때.

아날로지: 복잡한 아이디어를 쉽게 전달하고 싶을 때

■ 임팩트 키워드: 표현력의 힘

대사를 만들 때 유용한 기술 중 하나는 가끔 특별한 표현을 쓰는 것입니다.

뇌안에서 모든 단어는 같은 무게를 가지지 않기 때문에 동일한 속도로 처리되지 않습니다. 감정이나 질감처럼 시각적 이미지가 강한 단어는 훨씬 빠르게 처리되고 오래 머뭅니다.

대부분의 비즈니스 발표는 “효율, 데이터, 규정, 목표”처럼 기억에 남지 않는 단어들로 채워져 있습니다. 이 단어들은 이성의 영역에서는 논리적으로 들리지만, 감정의 뇌에서는 큰 반응을 일으키지 않습니다.

반면, ‘빙하기 시장’, ‘날것의 뜀박질’, ‘용암처럼 흐르는’ 같은 표현은 순간적으로 청중의 주의를 멈추게 만듭니다.

낯선 조합, 강렬한 이미지, 감각적인 온도가 있는 단어는 청중의 뇌 속 편도체(amygdala)를 자극해 “이건 다르다”는 신호를 남깁니다.

이런 단어를 적절히 한두 개만 섞어도, 발표 전체의 인상과 리듬이 완전히 달라집니다.

이처럼 임팩트 단어는 문장을 한 번에 ‘보이게’ 만들어 줍니다.

많이 쓰면 과하지만, 중요한 구간의 강렬한 단어는 청중의 기억을 강하게 붙잡습니다.

■ 숫자 사용하기 기억을 고정시키는 언어의 좌표

숫자는 발표에서 정보를 정리하고 강조해서 기억을 고정해줍니다. 숫자를 사용하면 말의 구조가 선명해지고, 청중은 내용을 순서대로 따라가며 기억할 수 있습니다.

예를 들어,

"우리 제품의 차별점은 다음 세 가지입니다.

첫째, 접근성입니다.

둘째, 데이터 정확도입니다.

셋째, 유지비 절감입니다."

이와 같은 구조적 표현은 발표나 글의 논리적 흐름을 명확히 하고, 청중이 들은 정보를 머릿속에 '번호 매기듯' 정리할 수 있게 도와줍니다.

청중의 뇌는 '3가지', '5단계', '10분'처럼 구체적인 숫자를 들을 때 자동으로 이미지화(visualization)를 시작합니다.

또한 숫자는 주장에 구체성과 신뢰감을 더합니다.

"더 늦기 전에 부모님과 시간을 보내야 합니다." → "부모님과 함께할 시간은 10년이 채 남지 않았습니다."

같은 내용이라도 구체적인 수치를 제시하면 청중의 감정과 기억은 훨씬 강하게 반응합니다.

이러한 도구들은 멋있게 말을 하기 위한 기법임은 확실합니다. 청중의 마음속에 이미지를 그려주고, 메시지를 기억에 새기도록 돕기 때문입니다. 그러나 이런 방법들을 반드시 사용하기 위해 작위적이고 부담스러운 발표대사를 만드는 것은 금물입니다. 화려한 언변보다 본질을 명확하게 전달하는 발표가 우선적임을 잊지 않아야 합니다.

스토리의 과학으로 사업계획을 설계하라

비즈니스 발표에서 정보를 정확히 전달하는 것도 중요하지만, 관계가 형성되길 원한다면 마음의 거리를 좁히는 기술이 필요합니다.

유머, 질문, 비언어적 표현은 발표자의 감정을 전하고, 청중의 뇌 속에 '감정이 섞인 기억'을 남기는 딜리버리 기술입니다.

■ 유머: 공기를 바꾸는 한마디

드라이한 비즈니스 발표에서 유머를 사용하는 일은 쉽지 않습니다. 평가자들의 굳은 표정은 돌처럼 단단해 보일 때가 많습니다. 하지만 그들도 결국 감정을 가진 사람입니다.

우리와 같은 고민을 하고, 때로는 미소 지을 이유를 찾고 있을 뿐입니다.

유머는 웃음을 유도하기 위한 장식이 아니라, 긴장을 완화하고 온도 조절 장치입니다.

"저희 조사앱의 질문 퀄리티는 의사가 아니라 탐정 수준이라는 말을 들었습니다."

"저희 솔루션은 이제 달리고 싶어 안달 난 것처럼 재빠르게 움직입니다."

이런 위트 있는 표현은 발표에 작은 웃음을 더하고, 청중과의 심리적 거리를 좁힙니다. 청중은 '이 사람은 준비되어 있지만 여유가 있다'고 느낄 수도 있습니다.

유머의 핵심은 자연스러움입니다. 맥락 속에서 자연스럽게 미소를 유도해야 합니다.

▶ 유머의 두 가지 원칙

- 문맥 안에서 쓸 것. 발표의 주제와 어긋나면 몰입이 깨짐

- 배려를 담을 것. 누군가를 비꼬거나 희화화 하기 절대 금물

"저희 팀은 아직 작은 스타트업이지만, 야망만큼은 대기업 수준입니다."처럼 자연스러운 유머는 청중의 마음을 여는 열쇠가 됩니다.

■ 질문: 청중의 뇌를 참여시키는 언어

질문은 청중의 사고 회로를 작동시키는 토글스위치 같습니다.
좋은 질문 한 문장은 수십 개의 설명보다 더 오래 기억됩니다.
청중이 답을 상상하는 순간, 발표는 일방향이 아닌 대화가 됩니다.
질문은 세 가지 방식으로 활용할 수 있습니다.

▶ 공감을 이끄는 질문
"엄청난 폭풍우 속에서 우산이 뒤집어진 경험, 다들 있으시죠?"
일상의 경험을 떠올리게 해 청중을 상황으로 연결시킵니다.

▶ 참여를 유도하는 질문
"물류시장이 수십 년 동안 진화하지 못한 이유, 혹시 아시나요?"
"20대가 이사할 때 설치하는 앱의 개수, 몇 개쯤 될까요?"
이런 질문은 호기심을 자극해 청중을 '사고의 동료'로 만듭니다.

▶ 핵심을 강조하는 질문
"만약 충돌을 3분 전에 예측할 수 있다면, 사고율은 얼마나 줄어들까요?"

  스토리의 과학으로 사업계획을 설계하라

"AI가 모든 컴플레인을 실시간으로 분석할 수 있다면, 어떤 일이 가능할까요?"

질문을 통해 발표의 요점을 강조하면, 메시지가 훨씬 강렬하게 남습니다.

단, 너무 당연하거나 답이 불가능한 질문은 피해야 합니다.

■ 비언어 - 말보다 먼저 도착하는 시그널

말보다 청중에게 빨리 도착하는 것은 표정, 시선, 손짓처럼 보이는 것입니다.

비언어적 표현은 청중의 감정과 이해를 동시에 움직이는 시그널이 됩니다.

▶ 표정: 부드러운 미소는 호감을 쌓습니다.
지나치게 과한 표정은 오히려 진정성을 해칩니다.
눈둘레근을 자연스럽게 풀고, 살짝 웃는 표정이 가장 좋습니다.

▶ 눈맞춤: 눈은 마음의 창입니다. 시선을 한 곳에 고정하지 말고, 여러 청중과 눈을 맞추는 연습이 필요합니다.
긴장된다면 두세 명의 대표 청중을 정해 교대로 바라보는 것도 좋은 방법입니다.

▶ 손동작: 손은 말의 그림자입니다.

크기나 방향, 감정을 표현할 때 손동작을 사용하면 전달효과가 극대화됩니다.

"이만큼 큽니다." — 크기를 표현

"이건 정말 중요한 문제입니다." — 가슴에 손을 얹어 강조

▶ 동선: 앞뒤로 이동하면 메시지의 깊이를, 좌우로 움직이면 청중의 폭을 넓힐 수 있습니다.

주의할 점은 과도한 반복입니다. 손을 너무 자주 움직이면 말의 속도도 빨라지고 청중의 시선이 흩어집니다. 의미 있는 순간에만 절제된 동작을 사용하는 것이 좋습니다.

그 절제가 오히려 더 큰 믿음을 만듭니다.

유머, 질문, 비언어는 모두 감정을 자극해 발표의 내용을 단순한 정보가 아닌 경험으로 바꿉니다.

한 번 웃었던 문장, 한 번 공감했던 질문, 한 번 마주쳤던 시선.

이것이 바로 무대 위에서 감정의 거리를 좁히는 기술입니다.

 스토리의 과학으로 사업계획을 설계하라

2장

태도(Attitude): 관계의 완성

전달력은 기술로 조율되지만, 청중과의 관계는 태도로 완성됩니다.

태도의 본질

'애티튜드(Attitude)'는 라틴어 *aptus*(맞춤, 적응)에서 유래한 단어입니다. 이런 관점에서 태도란 상황과 사람에 따라 맞추고 균형을 잡는 마음의 방향성이라 할 수 있습니다.

자동화의 시대일수록, '태도'는 인간만이 지닐 수 있는 능력이 됩니다.

좋은 태도는 변화에는 유연하지만, 원칙은 잃지 않습니다. 이것이 창업가에게 필요한 필수 애티튜드입니다.

불확실한 시장에서 가장 예측 가능한 건 데이터가 아니라 사람의 마음가짐이기 때문입니다.

토스의 이승건, 에어비앤비의 브라이언 체스키, 슬랙의 스튜어트 버터필드. 이들이 성공한 이유도 화려한 언변이 아니라 일관된 태도였을 것입니다.

창업가에게 필요한 네 가지 태도

■ 진정성 - 말보다 마음이 먼저다

거짓과 포장은 오래가지 않습니다. 때론 고객을 진심으로 이해하고, 문제를 해결하려는 마음이 그 어떤 화려한 스토리보다 강력한 설득이 됩니다.

네이버와 카카오에서 활약한 조수용 대표는 '일의 감각'이라는 책에서 안정감에 대해 "업에 진심인 사람들이 성실하게 노력하고 있는 느낌"이라고 말했습니다.

진정성이란 결국 상대에게 전해지는 심리적 안정감을 주는 것이 아닐까 생각합니다. 우리가 업에 몰입하고, 말과 행동이 일치할 때 청중은 그 사람의 진심을 '느낍니다'.

결국 진정성은 표현이 아니라 에너지의 전달일 것입니다.

■ 책임감 - 리더의 무게를 견디는 태도

투자자는 신뢰를, 팀원은 시간을, 고객은 비용을 우리에게 맡깁니다. 창업가는 이 모든 관계의 중심에 선 사람입니다.

창업가의 책임감은 결과를 내겠다는 약속만은 아닐 것입니다.

위기 속에서도 방향을 잃지 않고, 끝까지 방법을 찾으려는 태도의 지속성을 보이는 것입니다.

리더의 무게는 바로 그 지속성에서 만들어집니다.

책임감은 의외의 순간에도 드러납니다. 사소한 약속을 지키는 태도, 협업의 태도, 피드백을 받아들이는 태도.

이 작은 행동들이 쌓여 창업자의 애티튜드 윤곽을 만들어 냅니다.

■ 유연함 - 고집은 정체를 낳고, 유연함은 성장을 만든다

비즈니스에 완벽한 계획은 없습니다. 시장은 예측보다 빠르게 변하고, 정답은 늘 뒤에 등장합니다.

유연한 창업가는 틀림을 두려워하지 않습니다.

"아이디어에 애착은 있지만, 시장의 목소리를 더 듣겠습니다."

이 한마디는 유연함의 본질을 잘 보여줍니다. 유연함이란 변화를 수용하고, 그 안에서 새로운 기회를 발견하는 능력입니다. 배우고 깨우치는 태도, 그것이 성장하는 창업가에게 필요한 자세입니다.

■ 존중과 협력 - 비즈니스의 기본은 결국 사람이다

창업가는 존중으로 관계를 열고, 협력으로 길을 만들어 냅니다.

상대의 의견을 듣는 태도, 제언에 감사하는 말, 명확하고 부드러운 응답 하나가 조직의 성숙함을 대표한 다는 것을 기억해야 합니다.

보통 창업은 한 가지 질문에서 시작됩니다.

"이 세상에 없던 가치를 어떻게 만들어낼 것인가?"

하지만 성공한 팀은 다음의 질문을 안고 갑니다. "고객이 왜 이 가치를 필요로 할까?"

이 두 질문의 간극을 채우는 것이 바로 고객 관점에서 생각하는 창업자의 역할입니다.

이 책에서 여러분과 함께 나눈 이야기가 그 질문들에 답을 찾아가는 여정이길 바랍니다. 숫자와 데이터만으로 점철된 사업 계획보다 고객의 문제를 해결하고 그들의 삶을 바꾸는 아이디어를 어떻게 설계하고 전달할지에 대해 고민하길 바랍니다.

그리고 그 답은 의외로 간단합니다. 고객이 주인공이 되는 이야기를 먼저 써보는 것입니다.

스토리의 과학으로 사업계획을 설계하라

IR 피칭 역시 마찬가지입니다.

투자자에게 여러분의 사업이 얼마나 훌륭한지 설명하는 자리가 아닙니다. 고객의 필요를 보여주고, 여러분의 해답이 그들에게 더 나은 선택이 될 거라는 확신을 심는 무대입니다.

좋은 IR 피칭은 투자자로 하여금 '여러분 팀과 함께하지 않으면 안된다'는 이유를 만들어냅니다.

고객 관점을 중심에 둔 창업자는 단순히 '사업'을 하지 않습니다. 그들은 지속적으로 문제를 해결하고, 필요를 충족시키며, 때로는 사람들의 삶을 바꾸는 '운동'을 하고 있습니다. 그런 창업자는 숫자로만 평가받지 않습니다. 투자자도, 고객도, 동료도 그들과 함께하고 싶어집니다.

물론, 이 과정은 쉽지 않습니다.

고객의 목소리를 듣는 일은 귀찮고 투자자를 설득하는 일은 때로 고역처럼 느껴집니다.

하지만 스타트업 대표로서 가장 먼저 해야 할 일은 '세상을 바꿀 만한 아이디어'보다 '고객이 원하는 해답'을 고민하는 것입니다.

고객의 바람과 우리의 방법이 서로를 더 나은 방향으로 끌어올리는 순간, 여러분의 사업은 더 이상 숫자와 계획이 아니라, 하나의 스토리로 남게 됩니다.

이 책을 덮는 지금,
여러분의 마음속에 새로 생긴 질문이
여러분을 더 나은 미래로 안내하길 바랍니다.

그리고 언젠가,

여러분만의 이야기가 고객과 투자자 모두의 마음을 움직이는

그 순간이 오기를 진심으로 응원합니다.

- 고객 중심 스토리텔링을 믿는 사람, [탁은하]

 스토리의 과학으로 사업계획을 설계하라

스토리의 과학으로
사업계획을 설계하라

ⓒ 탁은하, 2026

초판 1쇄 발행 2026년 4월 22일

지은이　　탁은하
펴낸이　　이기봉
편집　　　좋은땅 편집팀
펴낸곳　　도서출판 좋은땅
주소　　　서울특별시 마포구 양화로12길 26 지월드빌딩 (서교동 395-7)
전화　　　02)374-8616~7
팩스　　　02)374-8614
이메일　　gworldbook@naver.com
홈페이지　www.g-world.co.kr

ISBN　979-11-388-5898-4 (03320)